如此家事

SUCH A FAMILY AFFAIR

《民法典》婚姻家庭编继承编典型案例精析

李露◎编著

法律出版社
LAW PRESS·CHINA
北京

图书在版编目(CIP)数据

如此家事:《民法典》婚姻家庭编继承编典型案例精析/李露编著. --北京:法律出版社,2023
ISBN 978-7-5197-8083-8

Ⅰ.①如… Ⅱ.①李… Ⅲ.①婚姻法-案例-中国②继承法-案例-中国 Ⅳ.①D923.905②D923.55

中国国家版本馆CIP数据核字(2023)第125400号

如此家事:《民法典》婚姻家庭编继承编典型案例精析
RUCI JIASHI:《MINFADIAN》HUNYIN JIATINGBIAN JICHENGBIAN DIANXING ANLI JINGXI

李 露 编著

责任编辑 孙 慧 朱颖超
装帧设计 李 瞻

出版发行 法律出版社
编辑统筹 司法实务出版分社
责任校对 晁明慧
责任印制 胡晓雅
经 销 新华书店

开本 710毫米×1000毫米 1/16
印张 16.25 **字数** 208千
版本 2023年10月第1版
印次 2023年10月第1次印刷
印刷 三河市龙大印装有限公司

地址:北京市丰台区莲花池西里7号(100073)
网址:www.lawpress.com.cn
投稿邮箱:info@lawpress.com.cn
举报盗版邮箱:jbwq@lawpress.com.cn

销售电话:010-83938349
客服电话:010-83938350
咨询电话:010-63939796

书号:ISBN 978-7-5197-8083-8
定价:68.00元

凡购买本社图书,如有印装错误,我社负责退换。电话:010-83938349

序：法安天下　家事为先

陈　玺*

李露律师团队编撰《如此家事》一书即将付梓，嘱吾作序。我虽长期供职高校，惜于家事法治一隅未曾专门探究，故于作序之请深感惶恐。近年以来，因在法律硕士人才培养领域与陕西许小平律师事务所展开全方位战略合作，遂与李露家事团队同仁结下深厚革命情谊，遂不揣谫陋，试拟斯序。

李露律师现任陕西省律师协会第八届婚姻家庭法专业委员会主任，所在团队长期专注婚姻家事领域案件研究及代理。《如此家事》一书是该团队基于多年家事法律实践的智慧结晶。从编撰体例而言，该书包括“恋爱同居篇”“婚姻故事篇”“拆迁特别篇”“财产继承篇”四个部分，下设“同居析产”“同居关系子女抚养”“撤销婚姻”“婚约财产”“婚内析产”“离婚纠纷”“子女抚养”“离婚后财产分割”“拆迁安置权益”“遗产继承”等十章，采撷典型案例四十则，体现了著者贴近民生、立足实务，以案释法、法随例出，纲举目张、点面结合的编撰理念。从内容设计而言，该书收录和分析的均为家事领域常见且典型的案例，每则案例均由简明扼要的问题导入，直面读者现实需求；并通过“前言”“案件

* 陈玺，西北政法大学法治学院　法律硕士教育学院院长、三级教授、博士生导师。

纪实”“本案法律分析”“温馨提示”“本案法律适用”等层层推进、对案例进行分析解读，充分彰显了追踪热点、立足现实和阐释法理等价值取向，因而具有较强的理论意义和现实价值。从语言风格而言，该书对所选案例进行了深度加工，在保障代表性、真实性和完整性的同时，体现了百姓心声与法言法语的和谐统一。例如，在“拆迁特别篇”中，既有关于《民法典》《妇女权益保障法》的援引释义，也有“拆一还一”等实践术语的准确表达。通过人民群众熟悉和关注的一件件鲜活事例条分缕析、丝丝入扣，达到了适用法律、解释法律、宣传法律的多重效果，势必成为该领域大众喜闻乐见的优秀读物。以下试从三个方面剖析《如此家事》一书的主要特色与现实意义，以期为广大读者阅读理解提供助益。

首先，该书体现了新时代传承中华优秀传统法律文化的时代要求。家事法是我国固有法制体系的重要组成部分，杨倞注的《荀子·富国》中有云：“妇之父为婚，婿之父为姻。言婚姻者，皆以二人之命也。”三千年前，我国已经形成了婚姻、家庭和继承的基本规范体系，已经形成以“媵嫁”为基础的家庭模式和与之相适应的“立嫡以长不以贤，立子以贵不以长”[①] 的继承原则。《周礼》中已经确立“六礼”“七出”“三不去”等婚姻缔结和解除的程序性规定，唐代出现了中国最早的离婚制度——“和离”，《唐律疏议》中载有：“若夫妻不相安谐，谓彼此情不相得，两愿离者，不坐。”[②] 上述家事法律规则对中国数千年伦理、道德、法律、社会等产生深刻影响，其中尊老爱幼、夫妻互敬、家庭和谐等已

① （汉）公羊寿传，（汉）何休解诂，（唐）徐彦疏：《春秋公羊传注疏》卷二十三《昭公二十年》。

② （唐）长孙无忌等撰：《唐律疏议》卷十四《户婚·下》。

经融入社会主义核心价值观，成为当代道德规范体系的重要组成部分，并在当代“德法合治”社会治理实践中发挥重要引领作用。

其次，该书是新时代赓续红色法治血脉的时代产物。习近平总书记指出：“我们党自成立之日起就高度重视法治建设……社会主义革命和建设时期，我们党领导人民制定了宪法和国家机构组织法、选举法、婚姻法等一系列重要法律法规，建立起社会主义法制框架体系，确立了社会主义司法制度。”① 新民主主义时期婚姻家庭法治建设，可追溯至《中华苏维埃共和国婚姻条例》(1931)和《中华苏维埃共和国婚姻法》(1934)。其中，婚姻自由、婚姻登记、保护妇女儿童的合法权益和保护军婚等基本原则均肇始于此。1950年《婚姻法》是新中国成立后颁布的第一部家事法律，改革开放以后，我们相继制定了《婚姻法》(1980)、《继承法》(1985)、《未成年人保护法》(1991)、《收养法》(1991)、《妇女权益保障法》(1992)、《老年人权益保障法》(1996)等，在中国特色社会主义法律体系框架内，建立了较为完备的家事法律体系。2020年《民法典》的颁布，是我国家事法治建设具有里程碑意义的重大事件。《民法典》设立“婚姻家庭”专编，作为当代家事法律基础性规范之集合，为婚姻、家庭、继承领域法律实践提供了制度保障。

最后，该书是新时代完善和实践的中国特色社会主义法治体系的有益尝试。“中国特色社会主义法治体系是推进全面依法治国的总抓手。要加快形成完备的法律规范体系、高效的法治实施体系、严密的法治监督体系、有力的法治保障体系，形成完善的党内法规体系。”② 家事法治既

① 习近平：《坚持走中国特色社会主义法治道路　更好推进中国特色社会主义法治体系建设》，载《求是》2022年第4期。

② 习近平：《坚定不移走中国特色社会主义法治道路　为全面建设社会主义现代化国家提供有力法治保障》，载《求是》2021年第5期。

是法律规范体系的重要组成部分，又是法治实施体系不可或缺的关键领域之一，在民事法律实践中占据极其重要的地位。进而言之，家事法治广泛涉及权益保障、家庭稳定、经济发展和社会和谐，在司法实践中占据“牵一发而头为之动，拔一毛而身为之变”① 的特殊地位，是提升国家治理体系与治理能力现代化水平的重要制度保障。因此，在司法实践中，有必要对家事法治给予特别重视。

李露家事团队专精于婚姻家庭领域法律实务，积极参与专业化法治人才培养，热心社会公益活动，在我省乃至全国家事法律实践领域具有良好口碑和广泛影响。《如此家事》源自数以千计的家事案件之归纳和提升，书中遴选的四十宗典型案例蕴含着难以尽数的人世百态和悲欣冷暖，更承载着普罗大众对于身心健康、婚姻和谐和家庭美满无限希冀。相信此书的出版，必将为推动我国家事法治实践进步和保障人民群众幸福安康贡献力量。

是为序。

二〇二三年八月十五日于西北政法大学

① （宋）苏轼：《东坡全集》卷三十八《记十九首·大悲阁记》。

寄　语

宋亚平*

还将巾帼誉婵娟，敢与须眉试比肩。

收到李露律师团队的《如此家事》一书后，我被其中充斥着的温暖、感动、强大的涉及女性权益的故事所触动。我国妇女事业自新中国成立以来，始终与党的发展保持高度一致，至今已取得举世瞩目的历史性成就。尤其在妇女权益法律保障工作方面，由一代又一代心系妇女事业的维权志愿者、法治建设者、基层工作者等以热心、爱心及公益之心，保障了妇女权益的法律实践深入推进，实现了保护妇女权益工作机制的健全发展。

基层妇女维权工作较为不易，而李露律师团队长期植根于关涉广大妇女的婚姻家庭法律实践工作，凝聚出了具有典型意义的维权参考案例，是以专业传递法治温暖，为促进家庭和谐、创建和谐社会作出积极贡献之举。书中囊括了恋爱、同居、结婚、离婚、继承等人的一生将会面临的不同阶段的法律问题，为我们解决病变家庭、维护家庭稳定提供了法律指导。更让我触动的是李露律师团队在工作中与受困女性的共情，同时，她对当事人负责的态度、对淡化争议的追求、让怨恨冰释的做法，

* 宋亚平，全国人大代表、全国五好家庭、中国妇女第十三次全国代表大会代表。

让我看到了新时代妇女维权工作者心系群众的模范担当。

巾帼奋斗正当时。妇女权益事业正站在新时代的历史起点上，借《如此家事》一书之寄语，我希望所有的妇女事业建设者能够不忘初心、凝心聚力，为促进男女平等和妇女全面发展营造良好的社会环境。我祝愿广大妇女群众能够敢于追梦、勇于维权，在各自岗位上奋力谱写妇女事业建设新篇章。我期待《如此家事》一书能够切实帮助到正在面临困境的女性朋友，让她们感受到法律的温度和法治的支撑，以提升女性在家庭和社会中的获得感、幸福感、安全感！

最后，祝愿《如此家事》一书取得成功。

2023 年 10 月

寄　语

许小平*

正是党对律师工作的正确领导，才让我们律师行业在今天焕发出如此生机。这是我读完李露编著的《如此家事》一书，最深刻的感受。当然，这本书中还充满了万千基层群众对律师的信任、支持和深深的友谊。这样的情谊，感人肺腑、令人难以忘怀。

书中的案例让我深感“家事无小事，家和万和兴”的重大意义。娓娓道来的亲切语言，将法律知识融入故事之中，把理论化为对家长里短的思考与探究。书中对案例的解读、对法律的宣讲、对现实需求的回应，无一不体现着一名家事律师的匠心情怀。

李露律师数十年如一日地兢兢业业工作，用真情温暖大众、用专业促成圆满，赢得了百姓的信赖和支持。正是像她这样的法律工作者们对法治精神的躬身践行，才让法律的光芒照耀到千家万户。

新时代下的婚姻家庭面临着不少错综复杂的现实问题，作为律师，需要拿出胆识和智慧，勇往直前、维护公平正义；奉法扬鞭、义无反顾。唯有如此，才能留给子孙后代更加美好的法治世界！

---

* 许小平，国家一级律师、陕西许小平律师事务所创始人、中华全国律师协会刑事专业委员会委员。

李露谨记：律师是一份崇高的职业，维护当事人合法权益是职之所归，我们应当谦恭相待、继续精研律例，理法融通，创造更多的佳绩，为中国女律师的未来而奋斗！时刻铭记法律人的光荣与梦想，毕其一生，为铸就法治的城邦，奉献智慧与力量！

最后，祝愿李露和婚姻家事业务部门的同事们：历尽千帆，不染岁月风尘；步履所至，总有繁花似锦。未来在家事法律服务的舞台上焕发不一样的巾帼风采！

许翁·小平 許小平印

二〇二三年九月大日

西安

目 录

PART 01

第一部分

恋爱同居篇

第一章　同居析产

案例 1　同居期间共同购买的房屋，分手时会如何分割?

前　言

近几年随着社会观念的转变，越来越多的情侣选择在婚前同居生活，这本来是增进双方感情的良好方式，但是同居时间长了，双方难免产生经济往来、出现财产混同的情况。可是众所周知，同居关系和婚姻关系是不同的，同居期间的财产不像夫妻关系那样默认共同所有。那么，同居期间双方共同购买的财产，在分手时会如何分割呢？让我们跟随秦海燕的案例，一起来看看。

案件纪实

秦海燕和杜斌实际上已经在一起很多年了。他们是在 2014 年 8 月经朋友介绍相识的，两个人一见如故，彼此都觉得十分投缘，认识没多久就确立了恋爱关系，2015 年 1 月，两个人迅速地在双方亲朋的见证下举行了结婚仪式。

虽然办理了婚礼，也以夫妻名义对外生活着，但是秦海燕和杜斌始终没有办理结婚登记，秦海燕认为结婚证只是一纸证明，她和杜斌之间的爱情不需要再去证明，两个人甜甜蜜蜜地过好自己的生活就好。在共同生活期间，两个人一起支付着家里大大小小的开支，并且在2018年2月的时候，共同购买了涉案A房屋一套，登记在秦海燕的名下。

原本以为生活会一直这样平淡幸福下去，可让秦海燕没有想到的是，由于两个人一直没有孩子，杜斌对她的态度越发的冷淡，原本相爱的两人开始频繁地争吵，在不断地争吵中耗尽了这段感情所有的甜蜜。2020年9月，在两人又一次大吵大闹后，杜斌向秦海燕提出了分手。

也是直到此时，秦海燕才反应过来原来他们一直都不是真正的夫妻，要分开也是十分容易的。杜斌坚决的态度让秦海燕备感难过，她伤心之余收拾行李回到了娘家生活，一两年内再未联系过杜斌。期间，由于房屋的贷款还登记在秦海燕名下，杜斌经常骚扰她让她还款，秦海燕不堪其扰，一气之下，一次性拿出了20万元，还清了房屋的按揭贷款，之后才获得了清净。

2022年2月，终于从失败恋爱中走出的秦海燕却突然收到了法院的传票，这一看，秦海燕不由得气上心头！她无论如何也没想到，杜斌竟然以借名买房为由将她告到了法院，要求确认涉案A房屋归他所有，并由秦海燕配合他办理过户登记。

秦海燕对杜斌大失所望，没有想到自己曾经最信任的人会做出这样的事情，涉案房屋是他们两人共同商量后购买的，虽然杜斌确实对房屋投入较多，但是秦海燕自己也支付了不少房款，甚至还清了剩余贷款，她无论如何不能将这套房屋拱手送人。在梳理好自己还款的相应流水后，秦海燕找到了律师，希望通过法律手段维护自己的合法权益。

律师在接受案件后，认为该案不属于借名买房的合同关系，而是双方在恋爱期间为今后共同生活、共同投资而购买的房屋，应系同居关系析产纠纷。法院采纳了律师的观点，驳回了杜斌的诉讼请求。

紧接着，由于房屋还由杜斌居住，以防杜斌对房屋进行任何处分，律师帮助秦海燕主动提起诉讼，要求分割涉案房屋，以结束两人之间的纠纷。并在诉讼中提出，秦海燕与杜斌在同居期间购买房屋，由双方共同出资，属于共有财产，应当按照各自的出资比例享有份额。其中首付款 15 万元由杜斌支付；另外银行按揭贷款杜斌偿还 10 万元、秦海燕偿还 20 万元；契税及大修基金共计 5 万元，是用双方共同财产支付的，应视为双方各半支付 2.5 万元。故涉诉房屋杜斌出资额为 27.5 万元，秦海燕出资额为 22.5 万元。双方分手后，秦海燕去外地生活，杜斌对房屋进行了装修并居住使用至今，故房屋判归杜斌所有更为恰当。由杜斌向秦海燕支付相应房屋折价款。

法院经过审理后，认可了律师意见。由于庭审中双方均同意房屋现市场价值为 100 万元，按照该价值换算，杜斌应支付秦海燕房屋补偿款 45 万元。最终判决：

（1）涉案房屋归杜斌所有；

（2）杜斌向秦海燕支付房屋折价款 45 万元。

本案法律分析

随着社会的进步发展，情侣婚前同居的现象越来越普遍，男女朋友在恋爱中，出于共同生活、步入婚姻等多种因素的考量，在同居期间往往会共同购置房产、车位等多种财产，一般大家很少会签订书面协议，一旦双方感情破裂决定结束恋爱关系，极易引发纠纷。那么，关于同居期间的财产分割问题，一般应该如何解决？

其实同居关系作为一种社会现象在当今社会非常普遍，但法律层面对此并未具体明确，同居关系的解除法院亦不予受理，但当事人对于同居关系导致的财产分割及子女抚养问题的争议，可以通过向法院提起诉讼予以处理。同居期间，由于双方共同生活，各自有收入所得或者共同购置财产，在双方同居关系终止时，需要对双方各自所有的财产予以明确，相关的纠纷属于人民法院受理范围，并无争议。但是，对于如何处理，则较为复杂。

从法律规定看，《民法典》仅就婚姻被确认无效或者被撤销后，之前同居期间所得的财产处理进行了规定，即“同居期间所得的财产，由当事人协议处理；协议不成的，由人民法院根据照顾无过错方的原则判决”。《民法典》并未对其他情况同居期间的财产处理作出明确规定。如上所述，同居双方不具有配偶的身份关系，不能如同对合法婚姻的保护一样处理。

对于同居期间取得财产的分配，如果双方能够达成一致意见，可以协商确定分配方案。如果不能达成一致意见，可以起诉要求分割财产。从司法实践看，如果一方能证明同居后取得的收入或财产归己方所有，或者财产是一方基于人身关系取得的，该财产应当认定为个人财产。如果同居期间经济混同，双方对共同购置的财产有争议，先要看当事人在同居期间有没有对该财产进行约定，有约定的从其约定；没有约定或者约定不明确的，会按照按份共有进行处理。分配时可以根据双方当事人在取得财产中的贡献大小，确定具体的份额。

本案法律适用

《最高人民法院关于适用〈中华人民共和国民法典〉婚姻家庭编的解释（一）》第3条 当事人提起诉讼仅请求解除同居关系的，人民法院不予受理；已经受理的，裁定驳回起诉。

当事人因同居期间财产分割或者子女抚养纠纷提起诉讼的，人民法院应当受理。

《最高人民法院关于适用〈中华人民共和国民法典〉婚姻家庭编的解释（一）》第7条　未依据民法典第一千零四十九条规定办理结婚登记而以夫妻名义共同生活的男女，提起诉讼要求离婚的，应当区别对待：

（一）1994年2月1日民政部《婚姻登记管理条例》公布实施以前，男女双方已经符合结婚实质要件的，按事实婚姻处理。

（二）1994年2月1日民政部《婚姻登记管理条例》公布实施以后，男女双方符合结婚实质要件的，人民法院应当告知其补办结婚登记。未补办结婚登记的，依据本解释第三条规定处理。

《最高人民法院关于适用〈中华人民共和国民法典〉婚姻家庭编的解释（一）》第22条　被确认无效或者被撤销的婚姻，当事人同居期间所得的财产，除有证据证明为当事人一方所有的以外，按共同共有处理。

《民法典》第297条　不动产或者动产可以由两个以上组织、个人共有。共有包括按份共有和共同共有。

《民法典》第298条　按份共有人对共有的不动产或者动产按照其份额享有所有权。

《民法典》第299条　共同共有人对共有的不动产或者动产共同享有所有权。

《民法典》第300条　共有人按照约定管理共有的不动产或者动产；没有约定或者约定不明确的，各共有人都有管理的权利和义务。

《民法典》第303条　共有人约定不得分割共有的不动产或者动产，以维持共有关系的，应当按照约定，但是共有人有重大理由需要分割的，可以请求分割；没有约定或者约定不明确的，按份共有人可以随时请求分割，共同共有人在共有的基础丧失或者有重大理由需要分割时可以请求分割。因分割造成其他共有人损害的，应当给予赔偿。

《民法典》第308条 共有人对共有的不动产或者动产没有约定为按份共有或者共同共有，或者约定不明确的，除共有人具有家庭关系等外，视为按份共有。

《民法典》第309条 按份共有人对共有的不动产或者动产享有的份额，没有约定或者约定不明确的，按照出资额确定；不能确定出资额的，视为等额享有。

《民法典》第1054条 无效的或者被撤销的婚姻自始没有法律约束力，当事人不具有夫妻的权利和义务。同居期间所得的财产，由当事人协议处理；协议不成的，由人民法院根据照顾无过错方的原则判决。对重婚导致的无效婚姻的财产处理，不得侵害合法婚姻当事人的财产权益。当事人所生的子女，适用本法关于父母子女的规定。

婚姻无效或者被撤销的，无过错方有权请求损害赔偿。

案例2 同居生活二十载，被要求搬离共同购买的房屋，花甲老人该如何维权？

前言

随着我国经济的不断发展和人们思想观念的改变，非婚同居的现象在快节奏的现代社会中逐渐增多。恋爱是婚姻的基石，婚姻是恋爱的延续。我们每个人都向往甜蜜、美好的爱情，但是一段恋情也不必然会走向婚姻，当一段恋情以分手结束，所衍生出的爱恨纠葛、财产矛盾，往往令人叹息。那么，同居关系结束后，双方的财产问题该如何解决？双方同居期间购买的财产属于共同财产吗？分手后又该如何分割呢？让我们跟随齐越①的案例，一起来看看同居期间的财产分割问题。

案件纪实

齐越与刘念是一对在一起很多年的情侣，双方自 2002 年起一直共同居住生活，但始终未领取结婚证。齐越是一名警察，年长刘念许多，对刘念在经济上、精神上都照顾颇多。两个人共同生活的二十年来，几乎都是齐越在支付家里的各种费用。

为了有一个稳定的生活环境，齐越与刘念在 2008 年购买了位于西安市某区 A 房屋一套。为了给刘念充足的安全感，在办理房屋登记时，齐越将该房屋登记在了刘念一个人的名下。

2016 年后，齐越退休。原本以为从此能过上安逸自在的退休生活，却不料长期在家的齐越与刘念开始频频爆发出各种矛盾。两个人经常因为各种事情而争吵，最终导致感情破裂。

2016 年 9 月，刘念向齐越提出了分手。更令齐越无法接受的是，刘念在分手后竟然要求齐越搬离两人一直居住的位于西安市某区 A 房屋。齐越对这样的要求根本无法接受，两个人不欢而散，只能采取不停更换房屋的钥匙以阻止另一方进入房屋的方式，一直反复纠缠，双方僵持近五年。

2021 年 4 月，在齐越又一次更换房屋钥匙后，刘念一气之下将齐越

① 本书案例中所用人名均为化名，如有雷同，纯属巧合。——编者注

诉至法院，称房屋系自己购买，登记在自己的名下，房屋与齐越无关，要求法院判令齐越搬离，并要求齐越支付房屋使用费、水电费、物业费共计48,000元。

接到法院的诉状后，年近花甲的齐越备感委屈。他找到律师替自己维权，认为房屋系自己出资购买，由于是小产权房，房款要一次性交清，当年还向多位好友借款购房，购买该房屋后也是自己一直在还购房时的欠款，至今债务仍未还清。当时出于对刘念的爱慕，认为房产证上不写自己的名字也无大碍，现两人的感情已无再继续的可能，齐越坚持要求平均分割该套房屋。

该案件进入庭审程序后，由于双方对房屋的购买情况各执一词，导致案件一度陷入僵局。在这个过程中，律师和法官不断为双方做调解工作，双方毕竟存在二十多年的感情，虽然没有领取结婚证，但情感上与真正的夫妻无异。庭审时，法官和律师对于双方在感情里的付出都给予了认可，逐渐缓和了双方的矛盾。齐越在庭审上表示，他知道刘念这么多年没有工作，也没有其他住所，因此愿意把房屋让给刘念，但是他认为自己理应得到相应补偿。见齐越如此表态，刘念也作出了退让，表示愿意补偿齐越20万元房屋补偿款，也不再要求齐越支付房屋使用费、水电、物业等费用。长达五年的矛盾终于化解，相爱了二十年的情侣终于握手言和。

最终法院出具调解书：（1）涉案A房屋归刘念所有；（2）刘念支付齐越20万元房屋补偿款；（3）齐越搬离该房屋。

本案法律分析

在本案中，刘念要求齐越搬离房屋，首先，应该确认该房屋的权利人。基于齐越与刘念之间的特殊关系，双方共同生活二十多年，虽然没有办理结婚登记，但一直以夫妻名义生活，因此应先进行同居析产，确认房屋归属，然后再进行腾房之诉。

其次，根据双方法庭陈述以及双方举证的情况，该房屋购买及装修均由齐越借款出资，至今尚有16万元债务未还清，该房屋虽然登记在刘念一人名下，但是实际出资人为齐越，齐越应得到相应部分。

最后，刘念应依法对齐越进行补偿才符合公平原则。齐越在二人同居生活期间，付出了全部感情、心血、人力、财力、精力，出于信任将房屋登记在刘念个人名下，目前齐越已经年老退休且身患疾病，没有其他经济来源，刘念对于齐越同居期间的付出应当给予补偿。

同居关系作为一种社会现象在当今社会非常普遍，但法律层面并未有具体明确的法律规范。当事人仅仅以解除同居关系为由向法院起诉，法院不予受理，但当事人对于因同居关系导致的财产分割及子女抚养问题的争议，可以通过向法院提起诉讼予以处理。

同居期间，由于双方共同生活，各自有收入所得或者共同购置财产，在双方同居关系终止时，需要对双方各自所有的财产予以明确。对于同居期间取得财产的分配，如果双方能够达成一致意见，可以协商确定分配方案。如果不能达成一致意见，可以起诉要求分割财产。

从司法实践看：（1）如果一方能证明同居后取得的收入或财产归己方所有，或者财产是一方基于人身关系取得的，该财产应当认定为个人财产。（2）如果同居期间经济混同，双方对共同购置的财产有争议，首先要看当事人在同居期间有没有对该财产进行约定，有约定的从约定，没有约定的或者约定不明确的，会按照一般共有关系处理，视为按份共有。分配时可以根据双方当事人在取得财产中的贡献大小，确定具体的份额。

温馨提示

1. 注意区分事实婚姻与同居关系的区别。事实婚姻主要指的是1994年2月1日民政部《婚姻登记管理条例》公布实施以前，男女双方已经符合结婚实质要件的，按事实婚姻处理，是法律认可的一种婚姻关系，适用法律对于婚姻的规定。1994年2月1日以后，如果男女双方没有领取结婚证就生活在一起的，并不构成事实婚姻，双方按照同居关系处理，是不受法律对婚姻的保护的。“事实婚姻”是一种合法的婚姻关系，同居关系与合法的婚姻关系有本质上的区别。

2. 同居关系因不属于合法的婚姻关系，同居关系财产纠纷也不适用于夫妻关系财产分割的原则，相应的权利容易受到侵害。因此，准备结婚的男女一定要履行合法的婚姻登记手续。

3. 男女双方可就同居期间的财产归属提前做好约定，并签订书面财产约定协议，明确约定财产的归属，以免日后发生纠纷。对于同居期间双方各自购买的以及共同出资购买的贵重物品、不动产、动产等财产应该留存出资记录、聊天记录、银行流水等相关证据材料，以避免日后举证不能而无法维护自身合法权益。

本案法律适用

《最高人民法院关于适用〈中华人民共和国民法典〉婚姻家庭编的解释（一）》第3条 当事人提起诉讼仅请求解除同居关系的，人民法院不予受理；已经受理的，裁定驳回起诉。

当事人因同居期间财产分割或者子女抚养纠纷提起诉讼的，人民法院应当受理。

《最高人民法院关于适用〈中华人民共和国民法典〉婚姻家庭编的解释（一）》第7条　未依据民法典第一千零四十九条规定办理结婚登记而以夫妻名义共同生活的男女，提起诉讼要求离婚的，应当区别对待：

（一）1994年2月1日民政部《婚姻登记管理条例》公布实施以前，男女双方已经符合结婚实质要件的，按事实婚姻处理。

（二）1994年2月1日民政部《婚姻登记管理条例》公布实施以后，男女双方符合结婚实质要件的，人民法院应当告知其补办结婚登记。未补办结婚登记的，依据本解释第三条规定处理。

《民法典》第297条　不动产或者动产可以由两个以上组织、个人共有。共有包括按份共有和共同共有。

《民法典》第299条　共同共有人对共有的不动产或者动产共同享有所有权。

《民法典》第303条　共有人约定不得分割共有的不动产或者动产，以维持共有关系的，应当按照约定，但是共有人有重大理由需要分割的，可以请求分割；没有约定或者约定不明确的，按份共有人可以随时请求分割，共同共有人在共有的基础丧失或者有重大理由需要分割时可以请求分割。因分割造成其他共有人损害的，应当给予赔偿。

《民法典》第308条　共有人对共有的不动产或者动产没有约定为按份共有或者共同共有，或者约定不明确的，除共有人具有家庭关系等外，视为按份共有。

第二章　同居关系子女抚养

案例 3　非婚生子女是否享有和婚生子女同等的权利？

前　言

非婚生子女，在我国的社会环境中似乎处于很尴尬的地位，中国人对待婚姻总是传统而又忠诚，无论因何原因的非婚生子女，总是受到道德上的不认同，也经常遭受到一些不公平的待遇。

但是不管怎么说，孩子都是无辜的，不应该由孩子来承担父母应承担的过错和责任，因此我国《民法典》第 1071 条对原《婚姻法》第 25 条进行了补充和修改，更全面地维护了非婚生子女的合法权益，再次从法律上确定了——非婚生子女享有和婚生子女同等的权利。那么，非婚生子女究竟享有哪些同等的权利呢？让我们跟随苏苏的故事，一起来看看。

案件纪实

我们经常会说的一句话是“孩子是无辜的”，事实确实如此。在我们的现实生活中，经常会出现男女双方在不存在婚姻关系时便生育孩子的情况，法律上我们称之为“非婚生子女”。非婚生子女自古在社会上颇受歧视，其地位和权利相较于婚生子女，总是得不到保障。但是随着我们思想观念的转变，现代人越来越认同“非婚生子女应具有和婚生子女同等的权利”。因为无论父母是否有错误的行为，这些都不应由孩子来承担，每个孩子都应具有平等的地位，得到平等的养育和对待。

苏苏是一名出生于2019年10月的非婚生子，他的妈妈苏梦和爸爸姚学恺原本是同事关系，姚学恺是苏梦的上级，比苏梦大了十多岁，并且早已在外地结婚生子。但是也许是因为工作在一起的缘故，长时间的磨合和陪伴让苏梦和姚学恺之间产生了错误的情愫，双方日久生情，在2018年建立了错误的恋爱关系，之后便一直以婚外情相处。

这样畸形的关系给两个人都造成了严重的负担，尤其是姚学恺，他自己也知道对不起在家乡的妻子和孩子，因此在两人交往后，几次想要结束这段感情。苏梦却不同意，她涉世未深，姚学恺的成熟、稳重等特质深深地吸引了她，她认为姚学恺就是她的真爱，并且为了留住他，她在未经过姚学恺同意的情况下，于2019年10月生下了非婚生子苏苏。

苏梦的这一行为彻底激怒了姚学恺，他认为苏梦同他在一起就是图谋不轨，因此便彻底结束了这段关系，毅然决然辞去工作回到家乡生活，将苏梦和年幼的苏苏丢在西安不管不问。

苏梦想用孩子留住爱情的想法破灭了，她不死心地给姚学恺发了很多孩子的照片和视频，却没想到姚学恺真的那么狠心，将她的联系方式统统拉黑，真的不再同她来往。这种行为极大地伤害了苏梦的感情，苏梦从失败的恋爱中走出，看着还在襁褓之中的苏苏，终于意识到自己思虑不周所带来的后果。

但是事情既然已经发生，再后悔也没有用。苏梦在消沉了几个月之后，擦干眼泪决定独自抚养这个孩子，重新开始生活。但是她一个年轻女性独自带孩子实属不易，再加上苏苏的出生并不是她一个人的责任，因此在经过几番思考之后，苏梦最终决定通过法律途径维护自己和苏苏的合法权益。

就这样苏梦委托了律师，请求律师帮忙诉至法院，要求姚学恺一次性支付苏苏的抚养费100万元。

当诉状送达姚学恺后，姚学恺非常恼怒，他认为苏梦就是借着孩子在骗取钱财，因此无论如何不同意支付这笔钱。在这样的情况下，律师主动联系了姚学恺，向他解释了苏梦这些行为背后的来龙去脉和心境变化。

苏梦毕竟年纪小，在处理感情问题时不够成熟，难免会作出一些错误的选择。但是既然她现在已经决定放手，并且打算对无辜的孩子负责，那就是值得肯定的。姚学恺作为苏苏的生身父亲，当然具有抚养孩子的义务，要求他支付抚养费并不过分，至于苏梦所提出的一次性支付，也不过是不想之后的人生再和姚学恺彼此纠缠，这其实是对双方都有利的选择。

姚学恺在经过律师言之有理的分析后，渐渐冷静了下来，态度有所软化。他并不是铁石心肠的人，心底确实对苏梦和苏苏怀有愧疚，因此在仔细思考后，逐渐认同律师的想法，并且主动要求看一看苏苏的近况。那时苏苏还不到两岁，正是牙牙学语的时刻，孩子的天真活泼打动了姚学恺的心，他最终决定要为自己以往的错误行为负责，同意承担身为父亲的责任，支付苏苏的抚养费用。只是一次性支付对他来说负担太大，他希望能够分期进行给付。这个要求很快得到了苏梦的同意，她也并不想以孩子的名义让双方僵持不下，因此两人最终在律师和法院的调解下达成一致：由姚学恺分期给付苏苏的抚养费直至苏苏年满十八周岁。

就这样，这场持续了几年的错误关系终于得到了妥善的解决，曾经打算老死不相往来的两人也终于走向和解，尤其是年仅两岁的苏苏也终于有了一个可以被保障的未来。我们始终认为，孩子是无辜的，非婚生子女同样受到法律保护，即使没有婚姻作为纽带和联系，父母双方依旧要对孩子承担应承担的抚养义务和教育责任，保护孩子的合法权益，促使其身心健康成长，才是于情于理于法都符合我们道德观念的做法。

本案法律分析

1. 本案涉及的是同居子女抚养纠纷。双方在未领取结婚证的情况下生育子女，关于子女抚养问题不能达成一致意见时，可以同居子女抚养纠纷向法院起诉。

根据《民法典》第 1071 条的规定："非婚生子女享有与婚生子女同等的权利，任何组织或者个人不得加以危害和歧视。不直接抚养非婚生子女的生父或者生母，应当负担未成年子女或者不能独立生活的成年子女的抚养费。"因此，非婚生子女与婚生子女享有同等的权利，其抚养纠纷的处理与一般的婚生子女一样，都必须从最有利于子女成长的角度出发，合理安排子女的抚养权、抚养费等事宜，以保护未成年人的合法利益。

那么，非婚生子女与婚生子女都享有哪些权利呢？

（1）要求生父母对其抚养教育的权利。如果生父母或其中一方不履行抚养教育义务，未成年的、不能独立生活的成年子女，有要求父母给付抚养费和教育费的权利。

（2）都有受生父母保护、教育的权利。

（3）非婚生子女与婚生子女享有同等继承其生父母遗产的权利。

（4）婚生子女和非婚生子女的法定继承顺序是同等的。法律规定法定的第一顺序继承人为配偶、子女、父母。其中子女包括婚生子女、非婚生子女、养子女和有扶养关系的继子女。

当然，与婚生子女一样，非婚生子女也负有赡养生父母的义务。

2. 同时值得注意的是，目前，陕西、四川、安徽、广东等地的生育登记实施意见或管理办法中，已不再将“是否已婚”作为进行生育登记的前提条件。之前“未婚妈妈争取生育保险全国第一案”引发了很多的关注，非婚生育的单身妈妈在给孩子上户口、被要求支付社会抚养费与领取生育保险方面都没有得到完善的法律保障。新规的出现，为未婚生育提供了更完善的法律扶持与程序保障，之后单身妈妈在办理生育登记之后就可以办理出生证明，同时可以享受生育津贴和合法的产假。对非婚生子女、非婚生育是一种包容现象，让未婚生育的父母和孩子得到了法律与制度上的保障。

温馨提示

每个孩子都是天使，来到这个世界本该被爱、被温柔以待，而不应因父母的原因，受到来自家庭或社会的歧视和迫害。我们应当认识到，孩子是无辜的，他们的身份不是自己选择的，社会各界对于非婚生子女应当给予应有的尊重和保护，家庭则应给非婚生子女更多的关爱，以弥补他们在家庭生活中的缺憾。给予非婚生子女健康的生存环境，应当成为社会文明程度的标志。但是由于未婚就生育子女，双方又因为各种原因无法长期共同生活，导致一方无法长期陪伴孩子而出现父爱或母爱缺失的情况，无法给予孩子一个完整的、健全的、健康的成长环境，对孩子性格培养、人格塑造等方面会有一定程度的影响，因此，未婚生育子女一定要考虑周全，慎重作出决定！

本案法律适用

《最高人民法院关于适用〈中华人民共和国民法典〉婚姻家庭编的解释（一）》第3条 当事人提起诉讼仅请求解除同居关系的，人民法院不予受理；已经受理的，裁定驳回起诉。

当事人因同居期间财产分割或者子女抚养纠纷提起诉讼的，人民法院应当受理。

《民法典》第1071条 非婚生子女享有与婚生子女同等的权利，任何组织或者个人不得加以危害和歧视。

不直接抚养非婚生子女的生父或者生母，应当负担未成年子女或者不能独立生活的成年子女的抚养费。

《民法典》第1127条 遗产按照下列顺序继承：

（一）第一顺序：配偶、子女、父母；

（二）第二顺序：兄弟姐妹、祖父母、外祖父母。

继承开始后，由第一顺序继承人继承，第二顺序继承人不继承；没有第一顺序继承人继承的，由第二顺序继承人继承。

本编所称子女，包括婚生子女、非婚生子女、养子女和有扶养关系的继子女。

本编所称父母，包括生父母、养父母和有扶养关系的继父母。

本编所称兄弟姐妹，包括同父母的兄弟姐妹、同父异母或者同母异父的兄弟姐妹、养兄弟姐妹、有扶养关系的继兄弟姐妹。

案例4 同居男女分手后，还需要支付同居所生子女的抚养费吗?

前 言

同居关系，是指均无配偶的男女双方在既未办理结婚登记，又不符合结婚实质条件时，以夫妻名义共同生活，或有配偶与他人同居所形成的两性关系。因为它不是基于合法婚姻而产生的关系，因此不在我国《民法典》的调整范围内，许多权益在同居关系中都不能得到保障。但是同居关系所生子女却具有与婚生子女同等的权利，同居男女分手后，对同居所生子女仍具有抚养、教育和保护的义务。那么，同居关系子女抚养权应当如何划分？抚养费又该如何主张呢？让我们跟随顾先生的案例，一起来看看。

案件纪实

顾景与雨凡已经在一起很久了。他们是大学同学，在2016年就相识了，上学期间双方就互生爱慕。因为条件、爱好很合得来，他们很快就确立了恋爱关系并开始同居生活。

大学的恋爱总是单纯又美好，顾景和雨凡非常恩爱，大学毕业后他们也不曾分开，一直选择住在一起，虽然没有领结婚证，但是在同学们的眼中他们已然和夫妻没有什么差别。2018年的时候，他们还生了一个可爱的孩子——顾小果。

孩子的出生让顾景分外开心，他自觉自己肩上的责任更重了，因此加倍地努力工作，希望能给孩子更好的生活条件，这本是一件很值得肯定的事，但是在努力工作的同时，顾景却忘记给自己的女朋友更多的关心……

雨凡在生孩子的过程中经历了很多的痛苦。由于个人体质的原因，她比别人经历了更长的危险期，长时间身体的折磨让她的情绪越来越不稳定。再加上生育期间她每天待在家里，没有社交生活，又被顾景忽略，这样的孤独给这个年轻的女孩子带来了严重的心理负担。她一度患上了抑郁症，并且脾气暴躁，经常与顾景产生冲突，再加上没有经济收入，她便以各种理由向顾景索要钱款。两人之间的矛盾越来越深，顾景不知道该如何解决，只得把更多的精力投入工作当中，原本恩爱的双方渐行渐远。

但是顾景怎么也没想到，这样的逃避竟是压垮他们感情的最后一根稻草。

2019 年 7 月的一天，顾景从单位回到家里，震惊地发现雨凡竟在没有告知他的情况下选择同他分手，并且一声不吭地从他们同居的住处搬了出去，还将他的所有联系方式都拉黑，就这样不言不语地消失在了茫茫人海，只留给他一个幼小的孩子。

这样突如其来的遭遇让顾景措手不及，他无法相信这样的事实。在安顿好孩子后，他托了很多关系联系上离开的雨凡试图挽回，但对方冰冷绝情的态度让他一次又一次地心灰意冷。

由于他们没有领结婚证，他们的关系结束得突然而彻底，雨凡将孩子的事宜全权交给顾景，并拒绝支付抚养费。说什么也不愿意同顾景再有任何接触。这样的行为给顾景造成了严重的伤害，他在尝试了各种方法都无法挽回雨凡的心后，终于决定放手。

感情是可以放下的，但是顾小果的事情却让顾景头疼了起来。孩子那时候还小，甚至不会说话，雨凡将孩子直接抛给他的做法让顾景非常失望。他认为自己必须要为孩子负责，不能让孩子小小年纪就没了妈妈。于是在几番考虑后，顾景最终决定通过法律程序来维护孩子的合法权益。

由于顾景和雨凡没有结婚，因此他们之间是很典型的同居子女抚养纠纷，顾景想要孩子的抚养权，也需要雨凡承担起身为母亲的责任，怀着这样的诉求，他开始寻求律师的帮助。

律师在接受这个案子的委托后，认为这样的家事案件，应本着调解“先行”的态度，看看双方有没有可能达成一致，这样对他们的伤害都能够降到最低。在确立了这样的解决思路后，律师多次同雨凡进行了沟通，由于双方都是女性，律师很了解雨凡在这段关系中所受的伤害，因此便以女性特有的共情力，晓之以理、动之以情地让雨凡了解到即使双方解除了同居关系，对所生子女依然有抚养的义务。且家庭的不完整、父母在孩子成长中的缺失很可能会导致孩子性格出现自卑、偏执等情况，不利于孩子的健康成长。因此站在保护孩子的角度，也希望雨凡能够缓和态度，同顾景达成有利于孩子身心健康、有利于保护孩子合法权益的一致意见。

雨凡其实也心疼自己的孩子，只是一时冲动，并不是真的打算不管孩子，在律师以孩子的角度进行沟通时，她的态度逐渐软化，渐渐同意进行调解。律师也将雨凡这段时间以来所受的伤害和心理的压力告知了顾景，顾景这才知道自己的疏忽给女方造成了多大的伤害。最终双方在尊重彼此、理解彼此的基础上，达成调解协议：

1. 顾小果由顾景自行抚养，雨凡每月支付孩子抚养费至孩子独立生活为止。

2. 雨凡每周有探望孩子的权利，顾景给予配合和支持。

该案件以调解结案，免去了对抗式庭审给双方带来的伤害，对这对曾经恩爱的情侣来说，无疑是最好的结果。对这个刚刚出生的孩子来说，也是最大限度的保护。

本案法律分析

本案涉及的是同居子女抚养纠纷。

关于同居期间所生子女的抚养问题，《民法典》第1071条规定："非婚生子女享有与婚生子女同等的权利，任何组织或者个人不得加以危害和歧视。不直接抚养非婚生子女的生父或者生母，应当负担未成年子女或者不能独立生活的成年子女的抚养费。"可见，非婚生子女和婚生子女相同，与父母间具有法定的权利义务关系。所以，双方解除同居关系时，应当妥善解决子女的抚养问题，遵照有利于子女健康成长的原则，由更适宜抚养子女的一方进行抚养，另一方按照离婚子女抚养费标准支付孩子抚养费，直至孩子成年。对于非婚生子女具体由哪一方直接抚养发生争议的，可以根据未成年人利益最大化原则，比照离婚时子女抚养的原则进行处理。具体处理原则是：

1. 不满两周岁的子女，以由母亲直接抚养为原则。

2. 孩子已满两周岁不满八周岁，法院主要依据最有利于未成年子女的原则进行判决，主要看哪一方可以提供更有利于子女生活的环境和条件。实务中常见的参考因素有：

（1）孩子已经同哪一方形成了稳定的生活环境；

（2）父母是否存在不良品行、不良嗜好，如实施家庭暴力、吸食毒品、赌博成性等将是不利于抚养孩子的因素；

（3）如果一方的父母有条件也愿意帮助照顾孩子，且已经同孩子形成亲密的关系、稳定的生活的，可以作为有利因素优先考虑；

（4）如果一方有稳定的收入、固定的居所等子女成长所需的物质保障，也较为有利；

（5）还包括精神抚养的能力，如有无教育子女的能力、陪伴子女的时间等；

（6）如果女方丧失生育能力的，在最有利于未成年子女的条件下，优先考虑女方的抚养要求。

3. 孩子已满八周岁未满十八周岁，应当尊重孩子真实意愿。

温馨提示

孩子是双方爱情的结晶，他们的到来是无辜的。无论双方在感情过程中产生了何种矛盾，我们都应当先考虑孩子的感受。感情的终结是大人们的事情，不应当让可爱的孩子从中受到伤害。因此，我们在法律实践中处理此类事务，应尽量保证调解“先行”，从有利于子女健康、保护子女合法权益的角度，从情理和法理上，让曾亲密无间的当事人能够尽量平和地解决问题，维护社会的和谐稳定。

本案法律适用

《民法典》第1058条 夫妻双方平等享有对未成年子女抚养、教育和保护的权利，共同承担对未成年子女抚养、教育和保护的义务。

《民法典》第 1067 条 父母不履行抚养义务的，未成年子女或者不能独立生活的成年子女，有要求父母给付抚养费的权利。

成年子女不履行赡养义务的，缺乏劳动能力或者生活困难的父母，有要求成年子女给付赡养费的权利。

《民法典》第 1071 条 非婚生子女享有与婚生子女同等的权利，任何组织或者个人不得加以危害和歧视。

不直接抚养非婚生子女的生父或者生母，应当负担未成年子女或者不能独立生活的成年子女的抚养费。

《妇女权益保障法》第 71 条 女方丧失生育能力的，在离婚处理子女抚养问题时，应当在最有利于未成年子女的条件下，优先考虑女方的抚养要求。

第三章 撤销婚姻

案例5 一方婚前隐瞒重大疾病，另一方应该怎么办？

前 言

我国的婚姻家庭制度，首要的就是坚持婚姻自由原则，随着社会文明的不断进步，婚姻自由已经成为普遍的社会共识。婚姻生活中，双方需要坦诚相待，尤其是双方的身体情况，更是婚姻自由的基础。然而现实生活中，往往存在一方在婚前隐瞒自己患有某些疾病的事实，以求和对方尽快办理结婚手续，那么发生这种情况后，另一方该如何维护自己的权益呢？让我们跟随黎瑶的案件，一起来看看。

案件纪实

黎瑶遇上展浩轩的时候，一心以为自己遇上了真爱。

展浩轩比她大两岁，有着出众的外表和体面的工作，两个人在网上相识的时候，黎瑶就对他一见钟情。令人意料不到的是，自己心心念念的男生对自己也挺有好感，两个人很快就确立了恋爱关系。

恋爱后的展浩轩依旧保持着完美男友的形象，对黎瑶嘘寒问暖无微不至，根本挑不出半点错误，唯一让黎瑶有些不舒服的是，两个人在一起的时候，展浩轩从来没有同她发生过关系。对此，展浩轩的解释是自己信仰基督教，不主张婚前性行为，而且他认为这也是对黎瑶的尊重。黎瑶被他所感动，更是满心沉浸在甜蜜的爱情中，两人相识大半年后便领取了结婚证，登记的过程格外顺利，黎瑶的父母、亲戚、好朋友们都羡慕她找到了真爱。

2022 年 4 月，黎瑶和展浩轩登记结婚后，展浩轩便因为工作的原因到外地出差，好几个月没有回家。黎瑶独自待在家里，为几个月后的结婚典礼做准备。而事情也就在这时出现了变化。

一天，黎瑶正在家里寻找证件以便筹备婚礼时，无意间翻出了展浩轩几个月前就医的诊断证明。怀着关心丈夫的想法，黎瑶打开一看，却震惊地发现诊断证明上竟然记录着展浩轩患有不孕不育症的事实！诊断证明上简短的文字对黎瑶来说犹如晴天霹雳，她完全没有想过这种事情会发生在自己身上，回想起恋爱期间展浩轩种种不合理的表现，黎瑶浑身颤抖，不敢相信自己一直以来相信的完美爱情会出现如此变故。

但是事情总要面对，在冷静了几日并和家人沟通过后，黎瑶终于鼓起勇气联系上了在外地的展浩轩，询问他事情的真相。电话里，展浩轩眼见再也无法隐瞒，终于承认了自己的病情。黎瑶这下彻底死心，她看着手里崭新的结婚证，又想到近在咫尺的婚礼，不禁泪如雨下。她完全无法接受展浩轩的欺瞒行为，也没有办法接受他无法治愈的病情，在痛定思痛后，黎瑶在 2023 年 6 月，鼓起勇气向法院起诉要求撤销她同展浩轩这短暂的婚姻。

法院在受理案件后，联系了展浩轩。对于黎瑶，展浩轩其实抱有很深的歉意，他承认自己患有疾病的事实，也认可自己对黎瑶存在隐瞒疾病的情况，只是他对黎瑶怀有感情，希望黎瑶能够考虑到双方相识不易，不要撤销这段婚姻。

法院在查明案件事实后，认为一方患有重大疾病的，应当在结婚登记前如实告知另一方；不如实告知的，另一方可以向人民法院请求撤销婚姻。请求撤销婚姻的，应当自知道或应当知道撤销事由之日起一年内提出。本案中，根据黎瑶和展浩轩的陈述和相关证据，能够证明展浩轩患有生殖系统疾病，且该疾病不能通过医疗治愈，展浩轩未将其患病一事在结婚前告知黎瑶，在婚前隐瞒其患有性功能障碍且不能生育的事实，足以对黎瑶的婚姻家庭生活造成损害，并影响到黎瑶结婚的真实意思表示，法院认为本案符合《民法典》中关于撤销婚姻的法定情形，且未超过一年的撤销期限，故对黎瑶要求撤销婚姻的诉讼请求予以支持，并强调被撤销的婚姻自始没有法律约束力，当事人不具有夫妻的权利和义务，最终判决：撤销黎瑶与展浩轩的婚姻关系。

至此，黎瑶这场失败的婚姻终于有了结局。黎瑶和展浩轩在事后也进行了推心置腹的沟通，两个人都十分理解对方的选择，最终双方好聚好散。

本案法律分析

本案的争议焦点为：展浩轩所患的疾病是否属于《民法典》规定的重大疾病？黎瑶是否有权申请撤销婚姻？

针对以上争议焦点，我们认为：

一、展浩轩所患疾病已经构成重大疾病

《民法典》第 1053 条规定："一方患有重大疾病的，应当在结婚登记前如实告知另一方；不如实告知的，另一方可以向人民法院请求撤销婚姻。请求撤销婚姻的，应当自知道或者应当知道撤销事由之日起一年内提出。"根据该规定，拟缔结婚姻的双方当事人在婚姻登记前互相负有重大疾病如实告知的义务，如果任何一方违反这一义务，另一方在知情后的一年内享有婚姻撤销权，有权向人民法院申请撤销婚姻。对于撤销婚姻疾病的判断，应当以"侵害婚姻自主权和知情权、可以推定一般此种情形下对方知情则不会结婚"为标准，结合相关规范性文件，产生婚姻撤销权的"重大疾病"其中就包括与性能力和生育功能有关的疾病。这种情形也可以分为两类，第一类是性功能疾病，即一方存在导致性障碍、性无能的疾病。性生活是人类的生理需求，也是男女婚姻中的重要部分，更是繁衍后代的基本条件。因此，婚姻当事人是否具备正常的性能力，往往是当事人考虑是否结婚的重要判断标准。第二类是影响生育的疾病，区别于前者，它强调影响"形成胚胎"的此类重大疾病，如精子无活性等不孕不育问题。如果一方存在生育功能方面的疾病，在婚前如实告知对方，取得对方谅解并愿意缔结婚姻的，不影响婚姻效力，但如果刻意隐瞒从而导致夫妻之间无法生育后代的，则属于对夫妻间生育权的侵犯。展浩轩所患疾病符合上述两种情形，属于撤销婚姻的疾病范围。

二、展浩轩系婚前患病并隐瞒上述病情，展浩轩的行为符合《民法典》撤销婚姻的法定情形，应当支持黎瑶要求撤销婚姻的诉讼请求

《民法典》第 1046 条规定，"结婚应当男女双方完全自愿"，而自愿必须建立在知情的基础上。对患病一方规定婚前如实告知的义务，是对非患病方知情权的保障，也是对其婚姻自主权的保障。立法强调患病方负有婚前的如实告知义务，能够督促结婚双方积极进行婚前体检，帮助当事人及时发现不适合结婚的身体疾病，也有利于从源头上减少婚姻纠纷，减少家庭矛盾，维护社会稳定。展浩轩作为患病方负有婚前如实告知义务。本案中，根据双方当事人的陈述及黎瑶提供的相关证据，能够证明展浩轩婚前就患有生殖系统疾病，且展浩轩未将其患病一事在登记结婚前告知黎瑶。展浩轩在婚前隐瞒其患有重大疾病，不能生育的事实，足以对黎瑶的婚姻家庭生活造成损害，并影响到黎瑶结婚的真实意思表示。本案符合《民法典》中关于撤销婚姻的法定情形，且未超过一年的撤销期，黎瑶有权主张撤销。

温馨提示

1．婚姻关系应当建立在充分了解和自愿的基础上，如一方患有重大疾病，应该在婚前向对方坦诚相告，让对方在充分知情的情况下作出是否愿意结婚的真实意思表示，而不应采用隐瞒、欺骗的手段，这对双方都将造成难以弥补的伤害。如果一方发现另一方存在婚前隐瞒重大疾病的事实，应当注意及时采取法律手段，维护自己的合法权益。

2．对于重大疾病的具体范围，《民法典》未作明确规定。根据《母婴保健法》的规定，婚前医学检查包括下列疾病的检查：（1）严重遗传性疾病；（2）指定传染病；（3）有关精神病。实践中界定是否属于重大疾病，本质是该疾病是否会影响到另一方作出结婚的意思表示。《民法典》规定了夫妻一方重大疾病婚前告知义务，这既是保障另一方当事人知情权，保护当事人婚姻自由，也可抑制骗婚等道德风险的存在。

本案法律适用

《民法典》第1053条　一方患有重大疾病的，应当在结婚登记前如实告知另一方；不如实告知的，另一方可以向人民法院请求撤销婚姻。

请求撤销婚姻的，应当自知道或者应当知道撤销事由之日起一年内提出。

《民法典》第1054条　无效的或者被撤销的婚姻自始没有法律约束力，当事人不具有夫妻的权利和义务。同居期间所得的财产，由当事人协议处理；协议不成的，由人民法院根据照顾无过错方的原则判决。对重婚导致的无效婚姻的财产处理，不得侵害合法婚姻当事人的财产权益。当事人所生的子女，适用本法关于父母子女的规定。

婚姻无效或者被撤销的，无过错方有权请求损害赔偿。

《最高人民法院关于适用〈中华人民共和国民法典〉婚姻家庭编的解释（一）》第22条　被确认无效或者被撤销的婚姻，当事人同居期间所得的财产，除有证据证明为当事人一方所有的以外，按共同共有处理。

《母婴保健法》第8条　婚前医学检查包括对下列疾病的检查：

（一）严重遗传性疾病；

（二）指定传染病；

（三）有关精神病。

经婚前医学检查，医疗保健机构应当出具婚前医学检查证明。

《母婴保健法》第38条　本法下列用语的含义：

指定传染病，是指《中华人民共和国传染病防治法》中规定的艾滋病、淋病、梅毒、麻疯病以及医学上认为影响结婚和生育的其他传染病。

严重遗传性疾病，是指由于遗传因素先天形成，患者全部或者部分丧失自主生活能力，后代再现风险高，医学上认为不宜生育的遗传性疾病。

有关精神病，是指精神分裂症、躁狂抑郁型精神病以及其他重型精神病。

产前诊断，是指对胎儿进行先天性缺陷和遗传性疾病的诊断。

PART 02

第二部分

婚姻故事篇

第四章　婚约财产

案例 6　没有结婚，男方能要回彩礼吗？

前言

彩礼，是中国古代的婚嫁习俗之一，是指男女双方进入婚恋状态后送给对方的聘礼或礼金，表达其想要与对方缔结婚姻关系的诚意。婚前赠与彩礼在我国很多地方仍作为一种习俗而普遍存在，因此，因“彩礼”而引起的纠纷也是婚姻家事类案件中的普遍问题。实践中，要求“返还彩礼”的婚约财产纠纷并不少见，那么“彩礼”在法律中究竟是如何定性的？又是否具有返还情形？返还范畴又应该如何确定呢？让我们跟随何景的案例，来看看上述问题的解决之道。

案件纪实

何景和赵晓静原本是一对恩爱的小情侣，他们在2018年的时候经朋友介绍相识，因为彼此的年龄、性格都合适，很快就确立了恋爱关系。谈恋爱的男孩女孩总是不愿意考虑那么多，在恋爱两个月后，两个人脑袋一热就按照当地的风俗习惯举行了订婚仪式，还叫来了双方父母和亲友进行见证。

为表达自己的爱意，何景也于当日付给赵晓静彩礼8万余元，赵晓静感动不已，亲笔为男友书写了收款证明一份。至此，这桩你情我愿的婚姻似乎已经是板上钉钉的事了。

双方订婚后，就开始了共同生活。在这期间，何景又陆续向赵晓静转账2万余元，并赠与名牌手表一块。可惜好景不长，因为两个人都年轻且性格强势，在共同生活期间经常发生争吵，谁也不肯退让，双方的感情逐渐有了裂痕。

2019年的春天，赵晓静发现自己怀孕了。这原本应该是很开心的一件事，但是赵晓静却对两人的关系产生了迷茫，开始犹豫这段关系是否能给予孩子健康的成长环境。那段时间无疑是很难熬的，何景因为工作原因无法长时间陪在赵晓静身边，女孩觉得自己备受冷落，最终在2019年双方订婚几个月之后，向何景提出了分手，并于同月独自进行了流产手术。

女孩所提出的分手和流产手术让何景备受打击。他认为，自己为双方感情付出了极大努力，也在经济上支出良多，交往的几个月之内，已经向女孩支付了10万余元的彩礼，并且还有昂贵礼物的赠送。现两人已无法实现结婚目的，让其觉得遭受了欺骗，遂起诉要求赵晓静退还自己支付的8万元彩礼、共同生活期间的转账，及名牌手表一块。

案件进入诉讼程序后，双方的关系进一步恶化，女孩在法庭审理时哭诉道：（1）何景主张的8万余元彩礼，早已经在双方的共同生活中花掉了，这是他们共同的消费，她不应该返还；（2）何景在恋爱期间对她的转账属于赠与，这是男女正常恋爱期间的经济往来，同样不应返还；（3）之前自己已经怀孕，后因分手而流产，花费营养费、医疗费等共计2万余元，对自己的身体也造成了很大的伤害。她并没有通过结婚的方式来骗取彩礼，何景要求返还彩礼是没有根据的。

本案在审理过程中，对于赵晓静曾人工流产的这一事实问题，由于事先何景没有告知律师，导致庭审中律师对于对方提出的赵晓静怀孕并流产一事没有作出充分的回应。最终法院的判决与律师预期结果稍有差池。

法院认为：彩礼是按照我国民间婚俗，订立婚约的男女之间发生的财物往来。双方未办理结婚登记手续的，一方当事人请求返还按照习俗给付的彩礼，应当予以支持。本案中，何景与赵晓静未办理结婚登记手续，符合法律规定的返还彩礼的情形。但考虑到本案中双方已同居生活并怀孕流产的事实，故彩礼应酌情返还5万余元。关于何景对赵晓静的转账，属另一法律关系，不予处理。而何景购买的手表，系双方恋爱期间的自愿赠与，不予支持返还。

最终法院判决：赵晓静返还何景彩礼5万余元。

本案法律分析

本案是典型的婚约财产纠纷，在实践中往往体现为因解除婚约而产生的一方向另一方索还彩礼的情况。在实践中普遍存在以下几种问题：（1）彩礼是否受到法律保护？（2）彩礼需返还的情形有哪些？（3）如果女方存在怀孕或者流产的情形，是否可以作为酌情降低返还彩礼的因素？

对此，我们结合法律规定和实践经验，为大家做了以下总结：

1. 彩礼是否受法律保护？

彩礼是我国社会延续数千年的婚嫁习俗，有着喜庆吉祥的寓意。我国法律没有明文规定禁止彩礼，收取彩礼并不违法。男方自愿根据当地习俗并结合自身经济承受能力给付一定数额彩礼是合法的，但《民法典》第1042条中规定“禁止借婚姻索取财物”，即法律禁止通过结婚这种形式达到赚钱的目的。实务中不乏有女方婚前主动索取彩礼的现象，只要女方并非借婚姻索取财物，且婚后双方共同生活的，则法律就不禁止这种索取彩礼行为。

本案中，何景和赵晓静确定恋爱关系后，何景多次向赵晓静转账用于偿还赵晓静的车贷，并购买名牌手表一块。2018年9月，双方按照当地风俗举行订婚仪式，有双方父母及亲友到场见证，何景于当天给付赵晓静彩礼8万余元，根据赵晓静银行流水显示，赵晓静次日便将该款项全部取出。2019年11月赵晓静提出分手，经何景挽留未果，双方因此未登记结婚。

从本案的情况来分析，何景确实是按照民间风俗并为实现结婚目的向赵晓静支付彩礼的，但由于赵晓静提出分手，导致双方最终并未实现结婚的目的，因此赵晓静应依法返还该彩礼部分。同时，何景在恋爱期间给付赵晓静用于偿还贷款的财物虽不属于彩礼的范畴，但确属另一法律关系，何景可以另案主张。至于购买的名牌手表，则系双方恋爱期间的自愿赠与。我们把谈恋爱期间赠送的礼物分为两类，第一类是为表达爱意赠送给女方的一些化妆品、包包、手表、衣物、日常用品等礼物，这往往是出于交往的礼仪、爱意的表达，以此来增进双方感情，这些生活用品或小额礼物的赠与，一般认定为无条件的赠与，不用予以返还。

第二类是恋人之间赠送的具有特殊意义的礼物，即以结婚为目的而赠送给女方钻戒、三金、彩礼等贵重物品。这叫作附条件的赠与，也就是我们通俗理解中的“彩礼”。在这种情况下，结婚是该赠与达成的条件，条件没有达成，是可以要求返还这些财物的。

2. 彩礼什么情况下可以退还？

何景、赵晓静按照习俗订婚，是男女双方以将来结婚为目的而作出的事先约定，赠送彩礼是一种附条件的民事行为，它依附于婚约而成立，如婚约解除，建立婚姻关系的目的不能实现时，一方收取的彩礼应当返还。

根据《最高人民法院关于适用〈中华人民共和国民法典〉婚姻家庭编的解释（一）》第 5 条的规定：“当事人请求返还按照习俗给付的彩礼的，如果查明属于以下情形，人民法院应当予以支持：（一）双方未办理结婚登记手续；（二）双方办理结婚登记手续但确未共同生活；（三）婚前给付并导致给付人生活困难。适用前款第二项、第三项的规定，应当以双方离婚为条件。”可知，彩礼的返还具体有三种情形：双方未办理结婚登记手续；双方办理结婚登记手续但确未共同生活；婚前给付并导致给付人生活困难。

这三种情况的发生使给付彩礼的目的难以实现，因此需要予以返还。

3. 女方存在怀孕流产的情况，彩礼是否需要全额返还？

根据司法裁判尺度，对于已经同居生活并且出现怀孕流产的情形，因双方对怀孕流产都有责任，都存在过错，应各自为自己的行为负责。同居生活和怀孕流产不是拒绝返还彩礼的法定事由，只要双方没有登记结婚，解除婚约后，按当地习俗给付的彩礼就应当返还。但法官会综合考虑同居生活和怀孕流产这一因素，根据案件的实际情况，酌定彩礼返还的比例，一般不会全部返还。

在本案中，何景与赵晓静确实同居生活了一段时间，并有怀孕现象发生。虽然我国目前不再将“事实婚姻”规定于《民法典》中，同居和怀孕不代表双方已经有了法律上的夫妻关系，但也可以看出赵晓静并不属于以结婚为目的欺骗财产的情况，法院也是考虑到赵晓静的流产事实和身体状况，最终酌情要求其返还5万余元彩礼，这是有一定根据的。

温馨提示

彩礼的存在本来是男女双方家庭对于孩子们即将成立小家庭的美好祝愿，但是这不应该成为影响双方情感的拦路虎。真正的爱情是不应当以金钱物质来衡量的，如果的确存在本案中的类似情形，双方应当心平气和地坐下来好好交流，为双方争取一个比较好的结果。如果非要闹到对簿公堂、不可开交的地步，无论对于谁来说都是十分不好的。

本案法律适用

《民法典》第1042条第1款 禁止包办、买卖婚姻和其他干涉婚姻自由的行为。禁止借婚姻索取财物。

《最高人民法院关于适用〈中华人民共和国民法典〉婚姻家庭编的解释（一）》第5条 当事人请求返还按照习俗给付的彩礼的，如果查明属于以下情形，人民法院应当予以支持：

（一）双方未办理结婚登记手续；

（二）双方办理结婚登记手续但确未共同生活；

（三）婚前给付并导致给付人生活困难。

适用前款第二项、第三项的规定，应当以双方离婚为条件。

案例 7 结婚两年后离婚，男方是否有权请求返还彩礼？

前 言

婚姻类案件中，彩礼的返还一直是社会实践中大家比较关注的重点问题，也是司法实践过程中大家相对有争议的地方。基于中国的历史传统和文化习俗，给付彩礼的行为在很多地区都是合情合理的，这种行为具有一定的普遍性。而这种普遍行为落实到离婚中，往往就成了当事人争议的焦点。那么，彩礼在法律上究竟是怎么认定的？又有哪些返还情形呢？让我们跟随金琳的故事，一起来看看。

案件纪实

金琳和何坤是相亲认识的，她那时正值适婚年纪，在家里人的介绍下认识了同城的何坤。何坤看起来温文尔雅、文质彬彬，金琳对他颇有好感，很快便同意了这门亲事。2017 年 3 月，他们在认识不过 5 个月时，便在双方家长的见证下走进了婚姻的殿堂。何坤一家也向金琳家支付了 15 万元的彩礼费。

但由于婚前双方并未深入了解，婚后金琳才发现何坤的性格并不像她所以为的那样温和。事实上何坤脾气相当暴躁，处事十分偏激，甚至有暴力倾向。金琳几度想要离婚，但是家里人认为婚姻本就充斥着很多矛盾，一家人就应该互相谦让着生活，无论如何也不同意金琳的想法。金琳被劝说了多次，也就逐渐放弃了这个念头。

2018年的时候，金琳和何坤诞下了一个女儿——小何。小何活泼可爱，深受家里人的喜爱。金琳希望有了女儿的何坤能更加成熟，肩负起家庭的责任，一家人和和美美地过下去。但是让金琳失望的是，何坤的脾气不仅没有收敛，反而变本加厉，动辄便因琐事对金琳和孩子拳打脚踢，给整个家庭蒙上了恐惧的阴影。为了保护自己和年幼的孩子，金琳在何坤又一次施行家暴后，终于鼓起勇气找到律师，向法院提起了离婚。

金琳的诉请有两个：（1）与何坤离婚；（2）婚生女小何由自己抚养，何坤每月支付1500元抚养费直至孩子年满十八周岁。

对于一名长期遭受家庭暴力的女性而言，金琳的要求并不过分。法院在审理过程中，何坤也同意了离婚。但是同时，何坤也提出了一个金琳无论如何都没有想到的要求——要求金琳退还婚前给付的15万元彩礼。

何坤认为两个人结婚不过两年多，金琳就要离婚，根本没有尽到身为妻子所应尽的义务，是借结婚的名义骗取钱财，因此自己支付的彩礼费用应该全数退还。

金琳对此只感到委屈，她认为自己在婚内尽职尽责，不但忍受了何坤的脾气，还生育了婚生女小何，已经履行了全部的义务，不存在骗取钱财的可能，因此不同意退还彩礼。双方的想法差距过大，始终争执不下。

法院经审理后认为，何坤不符合应予退还彩礼的法定情形，对此向何坤进行了释明。由于双方仅在彩礼问题上存在分歧，因此在何坤理解了彩礼退还的情形后，经过法院和律师的调解，最终与金琳达成了一致意见：

（1）双方离婚；

（2）婚生女小何由金琳抚养，何坤每月支付孩子抚养费1000元直至孩子独立生活为止。

本案法律分析

一、本案涉及的是彩礼的问题，彩礼在实践中经常会与情侣间的赠与相对比，那么法律是怎么认定的？

其实，彩礼是指以结婚为目的，按照当地风俗习惯，男方或其家庭成员给付女方或其家庭成员的礼金及贵重物品。判断是否属于彩礼，应结合给付的金额、目的性、习俗性和特定性来认定。彩礼一般为数额较大的金钱或者价值较高的实物，包括现金、首饰等贵重物品，以缔结婚姻关系为目的，另外，一般当地有给付彩礼的习俗且给付的时间场合符合当地的风俗习惯。同时彩礼给付的主体基本为男方或其近亲属，收受彩礼的一方通常也是女方或其家庭。

而男女双方在交往过程中为了表达感情、出于自愿所给付的价值较小的物品、请客花费、逢年过节等人情往来的消费性支出，应当认定为赠与行为和人情行为，给付人要求返还的，一般不予支持。

二、本案争议焦点为何坤的15万元彩礼是否应予返还？

我们认为：该案不符合应予返还彩礼的情形。彩礼是指男女双方恋爱关系基本确定以后，按照当地习俗，一方及其家庭给付另一方及其家庭一定数量的现金或财物，表示其欲与对方缔结婚姻的诚意。主要发生在婚姻约定初步达成之期，性质上是赠与，但是又与一般的无偿赠与不同，它是一种附条件的赠与行为，即以结婚为目的（条件）的赠与。

《最高人民法院关于适用〈中华人民共和国民法典〉婚姻家庭编的解释（一）》第5条规定："当事人请求返还按照习俗给付的彩礼的，如果查明属于以下情形，人民法院应当予以支持：（一）双方未办理结婚登记手续；（二）双方办理结婚登记手续但确未共同生活；（三）婚前给付并导致给付人生活困难。适用前款第二项、第三项的规定，应当以双方离婚为条件。"我们可以看到，在本案中，金琳和何坤正常登记结婚，共同生活两年时间，且育有一女。何坤也并未因给予彩礼而生活困难。该案不符合法定应予返还彩礼的任何一种情形，因此何坤的这个请求不能得到支持。

温馨提示

婚姻是两个人由个体组建为家庭、由陌生人演变为亲人的过程，是十分美好的事情。我们在婚姻关系中应当以互相尊重为基础，以互相了解为前提，以相濡以沫为追求。而不应该盲目投入婚姻，更不应该在婚姻中掺杂太多的财产因素，导致两个家庭反目成仇。希望大家能够增进对法律知识的了解，在婚姻中正确看待彩礼、嫁妆等问题。

本案法律适用

《最高人民法院关于适用〈中华人民共和国民法典〉婚姻家庭编的解释（一）》第5条 当事人请求返还按照习俗给付的彩礼的，如果查明属于以下情形，人民法院应当予以支持：

（一）双方未办理结婚登记手续；

（二）双方办理结婚登记手续但确未共同生活；

（三）婚前给付并导致给付人生活困难。

适用前款第二项、第三项的规定，应当以双方离婚为条件。

第五章 婚内析产

案例8 不想离婚，但另一方恶意转移财产，该怎么保全自己的利益？

前 言

在我们的社会中，常常会有这样一种现象：有些女性的婚姻生活出现了问题，在种种原因的影响下，她并不希望离婚，却又迫切地需要分割夫妻共同财产来保障自己的合法权益……这种情况有没有可能实现呢？其实是有的，婚内分割夫妻共同财产制度便是针对此类问题最好的解决方案。那么，什么是婚内分割夫妻共同财产制度？该制度对于婚内弱势方究竟起到了怎样的保护作用呢？让我们跟随吴娜的案例，一起来看看。

案件纪实

很多人都说吴娜嫁得很好。她和丈夫张立是在2006年相识的，刚认识的时候，两个人没有什么积蓄，连结婚都是一切从简。但是张立很有做生意的天赋，婚后通过做生意，二人逐渐赚得了第一桶、第二桶金，家庭生活得到了很大的改善。2009年2月的时候，两个人还生育了一个可爱的儿子。

眼看着生意上的事情不需要自己操心，吴娜为了更好地照顾孩子，便在家里做起了全职太太。这一做就是十几年，在这期间家里的财政大权一直由张立掌控，张立还接连在西安市购买了两套房产。

2020年9月，张立突然与吴娜商量，想要卖掉家里的两套房屋，重新购置一套大的别墅用以改善住房质量。吴娜觉得这个想法很好，遂配合张立办理了房屋过户手续。并且由于她并不掌握家里的财产，因此出售房款的800万元均打入张立的账户。

但令吴娜万万没想到的是，在卖房仅仅一个月后，张立却突然向吴娜提出了离婚，态度非常决绝。吴娜这才知道，原来张立早就有了外遇，之所以卖掉房屋也是为了将房屋变现，好尽快转移财产。

吴娜情感极度崩溃，根本无法接受。孩子尚未成年，为了孩子的学业，吴娜万万不愿意离婚。但如果不离婚，按照法院的程序第一次判决不予离婚后，要等待六个月再次起诉，而在此期间，财产一直由张立掌控，大量资产随时有被转移的风险。

吴娜心急如焚，急忙找到了律师寻求帮助。而针对这种情况，律师建议吴娜少安毋躁。因为当时已到2020年年底，2021年1月《民法典》施行后，根据《民法典》新规，吴娜即可以向法院起诉要求分割婚内共同财产，这样一来就避免了张立转移财产的可能性，从而保障了吴娜的合法财产利益。

在律师的专业建议下，2021 年 1 月伊始，吴娜就向法院起诉要求婚内分割夫妻共同财产，并提交房屋相关材料申请了财产保全，法院依法查封了吴娜与张立的房屋。如此一来，吴娜就不用再担心房屋有被张立出售的风险，解了吴娜的燃眉之急。该案最终在法院的支持下，为吴娜保全了高达 400 余万元的财产利益。

本案法律分析

在本案中，吴娜的诉求有两项，一是不愿意同丈夫离婚；二是想要避免丈夫转移夫妻共同财产。在这种情况下，婚内析产制度无疑是吴娜最好的选择。

《民法典》第 1066 条规定："婚姻关系存续期间，有下列情形之一的，夫妻一方可以向人民法院请求分割共同财产：（一）一方有隐藏、转移、变卖、毁损、挥霍夫妻共同财产或者伪造夫妻共同债务等严重损害夫妻共同财产利益的行为；（二）一方负有法定扶养义务的人患重大疾病需要医治，另一方不同意支付相关医疗费用。"

有以上两种情况的，另一方即可以向法院起诉要求婚内析产。

在本案中，吴娜的丈夫以欺骗手段，骗取吴娜的同意出售两套房屋，又将房屋折价款据为己有。这样的情形完全符合隐藏、转移、变卖、毁损、挥霍夫妻共同财产，严重侵害了吴娜的合法财产利益。因此，吴娜提出婚内分割夫妻财产的请求合情合理合法，且在律师的建议下，吴娜在起诉的同时便申请了诉前财产保全，在最大限度上避免了丈夫转移财产的行为。

婚内分割夫妻共同财产制度在我国司法制度中存在时间并不长，《最高人民法院关于适用〈中华人民共和国婚姻法〉若干问题的解释（三）》（现已失效）出台前，我国司法界大部分的观点都认为，夫妻共同财产只有在离婚时才能予以分割。《最高人民法院关于适用〈中华人民共和国婚姻法〉若干问题的解释（三）》于第 4 条首次规定了婚内分割夫妻共同财产的相关问题，但是并未取得很好的社会效果。

2021 年的《民法典》吸收了《最高人民法院关于适用〈中华人民共和国婚姻法〉若干问题的解释（三）》的规定，并删除了“不损害债权人利益的除外”这一限定表述。从以不同意婚姻关系存续期内分割夫妻共同财产为原则，出现特定情形予以分割为例外，变更为只要出现法定情形就可以分割夫妻共同财产，并以法典形式，提高了立法层级，使婚内析产行为在法律层面更为便利，具有很强的进步性。

温馨提示

在我们的现实婚姻关系中，经常存在一方恶意转移财产、恣意挥霍财产，甚至伪造夫妻债务的行为，或一方家人患病亟须医治但另一方不同意支付……在面对这些困境时，离婚往往不是最好的解决办法，婚内弱势一方总是会顾虑孩子、工作等因素，不愿离婚，或是担心离婚诉讼过程太过漫长，给予掌控财产一方很多可乘之机。如果一味地执着于维护家庭和谐而只允许在离婚时对夫妻财产进行分割，无疑会严重损害婚内弱势一方的利益，成为对侵害行为的纵容。而《民法典》对婚内分割财产制度的确定，为弱势方依法维权提供了法律依据，满足了司法实践的需要，使司法更加公正可依。

同时由于婚内析产的特殊性，律师建议当事人提起婚内析产诉讼的同时，还可以提出财产保全，以最大限度地保护自己的合法利益。

本案法律适用

《民法典》第1066条 婚姻关系存续期间，有下列情形之一的，夫妻一方可以向人民法院请求分割共同财产：

（一）一方有隐藏、转移、变卖、毁损、挥霍夫妻共同财产或者伪造夫妻共同债务等严重损害夫妻共同财产利益的行为；

（二）一方负有法定扶养义务的人患重大疾病需要医治，另一方不同意支付相关医疗费用。

《民事诉讼法》第103条 人民法院对于可能因当事人一方的行为或者其他原因，使判决难以执行或者造成当事人其他损害的案件，根据对方当事人的申请，可以裁定对其财产进行保全、责令其作出一定行为或者禁止其作出一定行为；当事人没有提出申请的，人民法院在必要时也可以裁定采取保全措施。

人民法院采取保全措施，可以责令申请人提供担保，申请人不提供担保的，裁定驳回申请。

人民法院接受申请后，对情况紧急的，必须在四十八小时内作出裁定；裁定采取保全措施的，应当立即开始执行。

《最高人民法院关于适用〈中华人民共和国民法典〉婚姻家庭编的解释（一）》第85条 夫妻一方申请对配偶的个人财产或者夫妻共同财产采取保全措施的，人民法院可以在采取保全措施可能造成损失的范围内，根据实际情况，确定合理的财产担保数额。

第六章　离婚纠纷

第一节　破镜难圆

案例9　法院判决不准离婚后，双方又分居满一年的，可以离婚吗？

前　言

夫妻感情破裂，是离婚案件中法官判决离婚的重要依据之一，因为婚姻本身就是由感情维系的。离婚争议的产生，首要的便是夫妻感情所发生的变化，如果双方感情都已破裂，那么婚姻无异于名存实亡，无论哪一方都有提出离婚的权利，他们的婚姻也应当依法予以解除。那么法院在审理离婚案件时，什么样的情形会被认定为感情破裂呢？让我们跟随江黎的案件，来看看法定“感情破裂”的情形。

案件纪实

江黎和丈夫温阳从小一起长大，从学生时期就是恋人，两个人青梅竹马，一起走过了大学、工作等阶段，终于在2012年8月的时候登记结婚。2014年3月，两人生了一个可爱的女儿——小橙子。

小橙子的到来给家里增添了许多欢乐，也让两人扛起了更重的责任。两个人加倍努力地工作，温阳为此经常在外喝酒应酬。但是由于工作压力大，温阳逐渐染上酗酒的毛病，脾气日益暴躁，经常夜不归宿。江黎为此经常同他争吵，双方感情逐渐破裂。江黎曾多次想要同温阳好好沟通，但由于温阳性格偏执，难以沟通，在家时也不再照顾江黎和小橙子，江黎最终心灰意冷。

2016年江黎再一次和温阳发生争吵后，带着年幼的孩子自行搬出居住。温阳在双方分居期间，没有看望过江黎和孩子一次，甚至对江黎不闻不问，也不支付小橙子的抚养费用。江黎忍无可忍，分别在2018年6月和2019年5月先后两次起诉离婚。但鉴于江黎和温阳感情基础很好，法院两次驳回了江黎的诉请。可是在这期间，温阳并没有任何表示和好的举动，双方仍然保持着分居状态，始终像陌生人一样地生活。眼看着小橙子到了上学的年纪，温阳却依旧不支付孩子的学费。江黎压力过大，最终委托了律师，于2020年8月再次诉至法院。

这一次，温阳依旧不同意离婚，他在庭审中指出自己和江黎具有良好的感情基础，从交往到结婚长达七八年的过程里，双方感情良好。对于离婚的原因，温阳认为：双方虽因生活琐事偶尔发生争吵，但还没有达到夫妻感情破裂的程度，他认为这是夫妻正常的生活状态，因此不同意离婚。

律师在庭审中指出，江黎、温阳夫妻感情确已破裂且无任何和好可能，2018 年 6 月、2019 年 5 月江黎曾先后两次起诉到法院要求离婚，却均被法院驳回。温阳虽每次都不同意离婚，但是判决生效后依旧没有挽回双方感情的意思，他们彼此不来往，仍继续分居，彼此互不尽夫妻义务，已经没有了任何和好的可能。自 2016 年江黎回父母家居住后便与温阳开始分居，至今已分居五年的时间，在双方领取第二次判决书后，也保持分居的状态已满一年，感情确已破裂，符合应当离婚的情形。

本案法院在经过审理后，认可了律师的意见。认为江黎和温阳经常因家庭琐事产生激烈争执，相处并不和睦，江黎在两次起诉离婚均被驳回后，双方也并未珍惜和好机会，应当认定为感情破裂。因此，最终依法判决江黎和温阳离婚。

本案法律分析

本案中江黎共经历了三次诉讼，可以看出，第三次诉讼中双方的分歧依旧很大，争议焦点依旧在于双方是否属于感情破裂的法定情形，是否应准予离婚。那么什么是法定的感情破裂的情形呢？

《民法典》中规定的夫妻感情破裂的情形包括：重婚或者与他人同居；实施家庭暴力或者虐待、遗弃家庭成员；有赌博、吸毒等恶习屡教不改；因感情不和分居两年；其他导致夫妻感情破裂的情形；一方被宣告失踪，另一方提起离婚诉讼的，应当准予离婚。

经人民法院判决不准离婚后，双方又分居满一年，一方再次提起离婚诉讼的，应当准予离婚。

本案中，江黎和温阳因感情不和分居满四年，经人民法院判决不准离婚后，又分居满一年，完全符合上述法定应当准予离婚的情形，夫妻感情确已破裂，应当准予其离婚。

温馨提示

一段幸福甜蜜的婚姻从来不是一方的默默付出，而是需要双方的共同经营。相关法律之所以对“感情破裂”作出规定，就是想在法律的宏观层面让他们明白双方之间感情的来之不易。可是，如果一方依旧“执迷不悟”，仍然无法珍惜重视来之不易的感情，那么，“受害”一方也应当坚决且及时地通过法律途径维护自己的合法权益。

本案法律适用

《民法典》第1079条 夫妻一方要求离婚的，可以由有关组织进行调解或者直接向人民法院提起离婚诉讼。

人民法院审理离婚案件，应当进行调解；如果感情确已破裂，调解无效的，应当准予离婚。

有下列情形之一，调解无效的，应当准予离婚：

（一）重婚或者与他人同居；

（二）实施家庭暴力或者虐待、遗弃家庭成员；

（三）有赌博、吸毒等恶习屡教不改；

（四）因感情不和分居满二年；

（五）其他导致夫妻感情破裂的情形。

一方被宣告失踪，另一方提起离婚诉讼的，应当准予离婚。

经人民法院判决不准离婚后，双方又分居满一年，一方再次提起离婚诉讼的，应当准予离婚。

案例 10　男方失踪五年后要求离婚，女方应如何保护自己的权益？

前　言

在接待咨询或者办理离婚案件的过程中，我们发现当事人往往有这样的问题：“是不是分居满两年就可以自动解除婚姻关系？或者只要分居满两年就一定能判决离婚？”这实际是一个大家普遍存在的误区。因感情不和分居满两年仅仅是法院判断夫妻感情破裂的一个标准，并不会因为双方分居而自动解除婚姻关系。协议离婚需要去民政局办理离婚登记手续，协议不成的情况下需要去法院诉讼离婚。那么，夫妻一方长期失踪的案件又该怎么解决呢？最近，家住西安的李子晴就碰到了这样的困扰，让我们一起来看看。

案件纪实

李子晴和杜豪是经朋友介绍认识的，杜豪谈吐幽默，一表人才，李子晴很快就同他坠入了爱河。虽然父母认为他们了解不足，不是很看好他们的感情，但是倔强的李子晴还是在 2014 年年底的时候，和杜豪登记结婚了。

两个人没有举办结婚仪式，登记结婚之后杜豪通过家人的帮助购买了位于西安市某区的 A 房屋一套，因为约定该房屋的按揭贷款由李子晴的公积金账户支付，因此该房屋登记在李子晴名下。2016 年 2 月的时候，双方生育了一个孩子，取名小度。

孩子的到来让李子晴倍感幸福，原本以为从此以后一家人就能团团圆圆地生活在一起，但让李子晴意想不到的是，2017 年 3 月，在婚生子小度尚未满两岁时，杜豪突然无故离家出走！李子晴从来没有想过这样的事情会发生在自己身上，杜豪走的时候悄无声息，同家里人再没有任何联系。家里人几次报警都没有任何结果。突如其来的变故让李子晴备受打击，但是看着年幼的孩子，她不得不坚强起来，承担起家里的所有重担，并独自一人抚养孩子。

2022 年 3 月，依旧在努力抚养孩子的李子晴，却突然在有一天收到了法院的传票。打开后她震惊地发现，失踪五年的杜豪竟然向法院起诉要求同自己离婚，并且要求抚养婚生子小度，甚至认为涉案 A 房屋首付款全部由其出资，要求法院判决涉案 A 房屋归其所有。

在收到法院的传票后，李子晴备感委屈、伤心。杜豪当年无故出走，从来没有和她们联系过，也没有对家庭有过任何付出。这么多年她独自抚养小度长大，已经和孩子建立了最亲密的关系，她无论如何不能放弃小度的抚养权。为此，李子晴着急地寻找律师，希望通过法律手段维护自己的权益。

接受李子晴的委托后，律师仔细询问了李子晴的想法并多次进行沟通。李子晴认为他们确实没有感情了，因此同意离婚，但要求婚生子小度由自己抚养，杜豪每月支付孩子的抚养费，同时由于涉案 A 房屋离孩子的学校过远，她同样可以放弃，但是杜豪必须按照市场价支付折价款。

于是在庭审过程中，律师向杜豪表达了多年来李子晴独自承担家庭重任及抚养孩子的艰辛和委屈，希望双方能够妥善解决问题。法官也从法律角度向杜豪阐明了本案的法律关系，最终经过反复沟通促成双方达成调解并最终达成以下调解协议：

（1）李子晴和杜豪解除婚姻关系；

（2）婚生子小度由李子晴抚养，杜豪每月支付孩子抚养费 2000 元直至孩子年满十八周岁；

（3）位于西安市的 A 房屋归杜豪所有，杜豪支付李子晴房屋折价款 60 万元。由此产生的大修基金、契税、物业费、房屋过户手续费等所有费用也均由杜豪承担。

李子晴在收到调解书后终于松了一口气，感情方面她对杜豪并无留恋，反而认为多年来有名无实的婚姻终于告一段落，房屋折价款也有了法律的保障，李子晴终于可以和孩子开始新的生活。

本案法律分析

本案中杜豪提出了三个诉请：（1）同李子晴离婚；（2）婚生子小度由杜豪抚养；（3）要求法院判决 A 房屋归自己所有。这三个诉请在法律上能不能得到支持呢？让我们逐一来分析：

1. 由于李子晴同意与杜豪离婚，因此法院依法应当准予双方离婚。杜豪在孩子不足两岁时便离家出走，毫无音讯，双方分居已五年，夫妻关系名存实亡，属于法定的离婚情形之一，感情确已破裂。现李子晴同意离婚，应当准予双方离婚。

2. 婚生子小度自出生以来一直由李子晴抚养，杜豪怠于履行抚养义务，孩子应当由李子晴继续抚养，杜豪每月支付 2000 元抚养费直至孩子独立生活为止。孩子自出生以来一直由李子晴及其父母照顾抚养，孩子与李子晴共同生活、朝夕相处，已经形成了稳定的生活、学习环境。杜豪离家出走后从未询问过孩子情况，对孩子漠不关心，未尽到抚养义务。李子晴工作稳定，有稳定收入，能给孩子提供稳定的生活环境。并且李子晴的父母也愿意继续帮助抚养照看孩子，能够最大限度保障孩子的健康成长。因此，按照最有利于未成年子女的原则进行判决，婚生子小度应由李子晴继续抚养，杜豪每月支付抚养费直至孩子独立生活为止。

3. 位于西安市的A房屋，在离婚时应当按照照顾妇女、子女权益的原则进行分割。涉案A房屋系双方婚姻关系存续期间购买，登记在李子晴名下，虽然首付款全部由杜豪及家人出资，但每月的按揭贷款均由李子晴公积金账户偿还。该房屋依法属夫妻共同财产，应在离婚时予以分割。《民法典》第1087条第1款规定："离婚时，夫妻的共同财产由双方协议处理；协议不成的，由人民法院根据财产的具体情况，按照照顾子女、女方和无过错方权益的原则判决。"因此，该房屋分割时应照顾李子晴及孩子小度的权益。现李子晴不想要房屋所有权，杜豪应按照房屋现价值向李子晴支付房屋折价款。

温馨提示

在现实生活中，不乏有夫妻一方离家出走失踪多年，另一方无法知其下落的情况。那么这个时候，另一方想要离婚该如何解决呢？

一是可以直接向法院起诉离婚。

《最高人民法院关于适用〈中华人民共和国民事诉讼法〉的解释》第217条规定："夫妻一方下落不明，另一方诉至人民法院，只要求离婚，不申请宣告下落不明人失踪或者死亡的案件，人民法院应当受理，对下落不明人公告送达诉讼文书。"对于一方下落不明的离婚案件，法院是可以受理并进行公告送达的。在规定的时间内另一方不到庭的，法院可以缺席审判。

二是可以对下落不明的人申请宣告失踪或申请宣告死亡，再向法院起诉离婚。

《民法典》第1079条规定，“一方被宣告失踪，另一方提起离婚诉讼的，应当准予离婚”。对于一方长期失踪、下落不明的，另一方可以先向法院申请宣告失踪或死亡，再起诉离婚。对于一方被宣告失踪的，人民法院应当准予离婚。

本案法律适用

《民法典》第40条　自然人下落不明满二年的，利害关系人可以向人民法院申请宣告该自然人为失踪人。

《民法典》第41条　自然人下落不明的时间自其失去音讯之日起计算。战争期间下落不明的，下落不明的时间自战争结束之日或者有关机关确定的下落不明之日起计算。

《民法典》第1079条　夫妻一方要求离婚的，可以由有关组织进行调解或者直接向人民法院提起离婚诉讼。

人民法院审理离婚案件，应当进行调解；如果感情确已破裂，调解无效的，应当准予离婚。

有下列情形之一，调解无效的，应当准予离婚：

（一）重婚或者与他人同居；

（二）实施家庭暴力或者虐待、遗弃家庭成员；

（三）有赌博、吸毒等恶习屡教不改；

（四）因感情不和分居满二年；

（五）其他导致夫妻感情破裂的情形。

一方被宣告失踪，另一方提起离婚诉讼的，应当准予离婚。

经人民法院判决不准离婚后，双方又分居满一年，一方再次提起离婚诉讼的，应当准予离婚。

《民法典》第1084条 父母与子女间的关系，不因父母离婚而消除。离婚后，子女无论由父或者母直接抚养，仍是父母双方的子女。

离婚后，父母对于子女仍有抚养、教育、保护的权利和义务。

离婚后，不满两周岁的子女，以由母亲直接抚养为原则。已满两周岁的子女，父母双方对抚养问题协议不成的，由人民法院根据双方的具体情况，按照最有利于未成年子女的原则判决。子女已满八周岁的，应当尊重其真实意愿。

《民法典》第1085条 离婚后，子女由一方直接抚养的，另一方应当负担部分或者全部抚养费。负担费用的多少和期限的长短，由双方协议；协议不成的，由人民法院判决。

前款规定的协议或者判决，不妨碍子女在必要时向父母任何一方提出超过协议或者判决原定数额的合理要求。

《民法典》第1087条 离婚时，夫妻的共同财产由双方协议处理；协议不成的，由人民法院根据财产的具体情况，按照照顾子女、女方和无过错方权益的原则判决。

对夫或者妻在家庭土地承包经营中享有的权益等，应当依法予以保护。

《最高人民法院关于适用〈中华人民共和国民法典〉婚姻家庭编的解释（一）》第47条 父母抚养子女的条件基本相同，双方均要求直接抚养子女，但子女单独随祖父母或者外祖父母共同生活多年，且祖父母或者外祖父母要求并且有能力帮助子女照顾孙子女或者外孙子女的，可以作为父或者母直接抚养子女的优先条件予以考虑。

《最高人民法院关于适用〈中华人民共和国民事诉讼法〉的解释》第217条 夫妻一方下落不明，另一方诉至人民法院，只要求离婚，不申请宣告下落不明人失踪或者死亡的案件，人民法院应当受理，对下落不明人公告送达诉讼文书。

案例 11　一方在国外居住生活，该如何离婚？

前　言

如果一对夫妻想要离婚，常见的形式就是双方共同到民政局办理离婚登记手续。但是近几年由于疫情等因素的影响，再加上《民法典》实施后离婚冷静期制度的适用，在国外居住生活的人往往难以回国办理离婚手续。那么，如果双方都同意离婚，但是一方长期居住在国外无法回国，还能否办理离婚呢？让我们跟随郝佳的故事，一起来看看。

案件纪实

郝佳与丈夫张磊都是很有事业心的人。他们于 2014 年经人介绍相识，认识一年后在国内登记结婚。但由于两个人工作都十分繁忙，无法将太多的精力留给家庭，导致结婚后双方感情相对淡漠。2015 年 6 月，在结婚两个月后，张磊就因工作前往土耳其，几个月才能回一次家，两个人开始了长期的异国分居生活。

由于张磊经常不在国内，因此两个人小家庭里大大小小的事情都是郝佳在操持。郝佳一个人购买了婚房、一个人装修，家里老人生病时也是郝佳一个人在照顾……长此以往，郝佳觉得格外的孤独和落寞，两个人开始频繁争吵、冷战。这对双方感情来说都是极大的伤害。为了改善这种情况，2016 年年底两个人商量后，郝佳毅然决然辞掉工作前往土耳其同张磊共同生活。

原本以为两个人待在一起能够更好地维系这段感情，但是直到郝佳在土耳其真正生活后，才发现这些年自己和张磊都发生了很大的变化，现在的他们无论是思维方式还是生活习惯都已经天差地别，两个人之间的火药味不但没有减少，反而愈演愈烈。再加上结婚多年双方一直不曾生育孩子，郝佳在异国他乡没有工作，无依无靠，也没有感受到张磊的关心和照顾，心酸之下郝佳于 2017 年 10 月回到国内，两人再次异国分居，这一分开就是 5 年。

回国后的郝佳和张磊鲜有联系，彼此都不尽夫妻义务，这段婚姻名存实亡。2021 年年底，为了自身更好地发展，郝佳选择了前往新西兰继续深造，这一决定让张磊无法接受，双方最终感情破裂，决定离婚。但是让两个人苦恼的是，做出这个决定时已是 2022 年年初，郝佳已经在新西兰定居。因为新冠疫情的影响，她无法回国办理离婚登记，再加上离婚冷静期的设置，她起码要回国两次才能办完全部手续，这对她来说成本过高。无奈之下，郝佳联系了律师，希望律师能够帮助解决他们的问题。

律师在接触这个案件后，提出可以通过诉讼至法院，再通过法院的调解程序解决。为此，律师多次联系法官组织线上调解。当前，许多法院的线上庭审系统已经非常完善，本案中，法院在经过与当事人本人的沟通和对双方居所地的确认后，同意了律师线上调解的申请，因为郝佳和张磊之间不涉及孩子抚养及财产分割的问题，因此法院在经过线上庭审后，最终出具了调解书：郝佳和张磊自愿解除婚姻关系。

本案法律分析

在我国，离婚有两种法定程序：

1. 登记离婚，即双方通过协商，就离婚、子女抚养、财产分割等问题达成一致意见后签订离婚协议书，共同亲自前往民政局办理离婚登记手续，由民政局发给离婚证。在《民法典》施行后，通过协议离婚的当事人还要经过离婚冷静期，离婚冷静期为30日，在双方递交申请后30日后才能领取离婚证，正式办理。同时民政局登记离婚必须由双方亲自前往才能办理，不能亲自到婚姻登记机关办理离婚登记的，只能通过诉讼解除婚姻关系。

2. 诉讼离婚，即一方向人民法院提起离婚诉讼，由人民法院组织双方进行调解，如果双方在调解阶段达成一致意见，则由人民法院发给调解书；如果一方不愿意调解或者调解无法达成一致意见的，则由人民法院依法审理后，发给判决书。通过诉讼离婚的当事人不用经过离婚冷静期的等待，如果双方对离婚的事项已经达成一致，在因客观原因无法到庭时，可以通过人民法院主持双方进行远程调解，最终双方达成一致调解意见，由法院出具民事调解书解除婚姻关系。

温馨提示

婚姻是需要夫妻双方共同去经营的，无论遇到什么样的情况，夫妻双方都应该心平气和地坐下来好好聊聊。本案中的双方因为工作等原因致使双方长期分居，既不能很好地经营自己的婚姻，也不能共同去解决婚姻中的问题，最后导致二人分道扬镳。现实生活中，异地、分居等现象也时有发生，往往这些夫妻最后可能都会选择与对方终结婚姻关系。

在令人感慨的同时也希望夫妻之间能够齐心协力，尽量克服感情中的障碍，回归家庭回归爱。

本案法律适用

《民法典》第1076条 夫妻双方自愿离婚的，应当签订书面离婚协议，并亲自到婚姻登记机关申请离婚登记。

离婚协议应当载明双方自愿离婚的意思表示和对子女抚养、财产以及债务处理等事项协商一致的意见。

《民法典》第1080条 完成离婚登记，或者离婚判决书、调解书生效，即解除婚姻关系。

《最高人民法院关于适用〈中华人民共和国民事诉讼法〉的解释》第15条 中国公民一方居住在国外，一方居住在国内，不论哪一方向人民法院提起离婚诉讼，国内一方住所地人民法院都有权管辖。国外一方在居住国法院起诉，国内一方向人民法院起诉的，受诉人民法院有权管辖。

案例12 跨国婚姻纠纷，如何解决才是正解？

前 言

“在天愿作比翼鸟，在地愿为连理枝”，是自古以来男女双方都想要追求的绝美爱恋关系。在每一段恩爱缱绻的爱情背后都会有一段不为人知的辛酸和苦楚。平时朝朝暮暮的爱情都充满了无奈与苦楚，那就更不要谈那些距离千百里的异地恋以及距离万里的异国恋。实践中，异国恋的维系本就不是一件易事，我们所能够看到的大多数异国恋最后都是草草收场。那么，跨国婚姻的离婚与我们普通的离婚有什么异同？跨国婚姻诉讼离婚在管辖上有何特殊规定？对于涉外离婚案件的法律适用又是如何规定的？让我们跟随这对跨国鸳鸯的悲惨际遇来了解跨国婚姻所存在的具体法律问题的解决之道。

案件纪实

贺仁丽从小就十分喜欢听英文歌曲、看英文电影，上高中时便参加了学校组织的欧美国家研学旅行，这就更坚定了贺仁丽对西方国家的向往和钟爱。大学期间，她在家人的支持下学习了自己喜爱的外语专业。兴趣果然是最好的老师，贺仁丽凭借自己从小的英语基础和对西方文化的透彻理解，本科毕业后便考上了国内十分有名的高校。在经过三年的努力学习后，硕士毕业的她便以优异的成绩进入了一家全球知名的外企工作。眼看着自己离梦想越来越近，贺仁丽在工作上更加起劲，连续多次被公司表彰。

耀眼的贺仁丽很快便成了公司的知名人物。2010 年在一次偶然的聚会上，贺仁丽结识了加拿大籍的 Mike，Mike 是其他地区分公司的工程师，恰好被派遣到国内工作。两人在相识之后经常在一起出去吃饭、逛街。同年 7 月，两人便确立了恋爱关系。就这样甜甜蜜蜜地在一起 5 年，两人便在中国登记结婚。原本以为这是美好的开始，可谁承想，就在他们二人结婚后不久，也就是 2016 年 1 月，Mike 便被总公司调往非洲工作，贺仁丽眼含热泪、依依不舍地送走了 Mike。本就难舍难分的贺仁丽自然忍受不了这份煎熬。2016 年 4 月，贺仁丽告别了父母，前往非洲与丈夫 Mike 团聚。在异国他乡的土地上，由于语言、饮食习惯、文化差异等多方面的原因，贺仁丽与丈夫 Mike 的矛盾日渐激烈，就这样忍气吞声地过了两年。2018 年 10 月，Mike 和他的家人希望贺仁丽能够移民加拿大。虽然说，移居国外是贺仁丽从小的梦想，但是由于加拿大对移民者有“五年之内不能回国”的法律限制，贺仁丽一方面顾及自己国内的父母日渐年迈、无人照料；另一方面因为近两年来自己和丈夫之间的矛盾越发不可调和，更何况丈夫在加拿大并没有自己的独立住所，仍然和家人一起居住，这其中的矛盾和摩擦让贺仁丽不敢想象。即使年少的梦想就在前方，但是贺仁丽经过深思熟虑后还是拒绝了丈夫及其家人的邀请。于是，Mike 和贺仁丽就这个问题产生了激烈的争吵，贺仁丽长期以来受到的委屈和辛酸让她再也无法直视他们的感情，于是 2018 年 11 月，贺仁丽独自回到了中国。

自此，双方再没有相见。在经过长达四年之久的两国分居后，贺仁丽无法再坚持这段名存实亡的婚姻。于是她便向 Mike 提出协议离婚，但是最终却没有很好地终止这段有名无实的婚姻。2023 年，贺仁丽聘请律师向其户籍所在地人民法院提出了判决离婚的诉请。

本次离婚诉讼可谓一波三折。第一次起诉时，由于 Mike 具有双重国籍，法院要求贺仁丽提供 Mike 在加拿大的具体住址才能进行送达程序，由于 Mike 当时在非洲工作，贺仁丽无法提供而被法院驳回。在律师和法官进行了多次的沟通后，贺仁丽以 Mike 的非洲国籍和非洲住址再次诉至法院，最终完成了涉外送达程序，Mike 收到了法院的诉讼和传票，同意了线上开庭的要求并同意和贺仁丽离婚。

案件在法院的审理中，原告、被告双方均认可双方无夫妻共同财产及债权、债务。法院认为，夫妻关系的存续以感情为基础。原告、被告婚初感情尚可，后因地域、文化差异无法继续共同生活，现原告要求离婚，被告亦同意离婚，故对于原告要求与被告离婚之诉讼请求，法院予以准许。

最终判决原告贺仁丽与被告 Mike 离婚。这段长达五年有名无实的婚姻，终于落下了句点。二人的感情虽然不是贺仁丽想象中的完美爱情，但是贺仁丽和 Mike 依旧彼此感谢，共度了人生中最美好的时光。

本案法律分析

本案中，贺仁丽的问题虽然顺利解决了，但是谁又能体会到她这些年的辛酸和苦楚呢？近年来，随着经济全球化的速度越来越快，各个国家和地区之间的联系也越来越紧密。跨国婚姻也成了一种新式潮流，情投意合的年轻人哪会在意千万里的山海之隔。当然，也有十分甜蜜恩爱的跨国情侣们最终修成了正果。可是这毕竟是少数，我们在同情别人的遭遇时，也应当从他们的遭遇中吸取教训，从而保证我们自己的合法权益不会受到侵害。对于本案所引申出的关于跨国婚姻的种种法律问题和法律规范，我们应当如何理解呢？

对此，我们结合法律规定和实践经验，为大家做以下总结：

1. 跨国婚姻的离婚与我们普通的离婚有什么异同？

（1）普通婚姻离婚

根据《民法典》第 1076 条、第 1079 条的规定可知，在我国目前离婚的形式有两种：一是协议离婚，二是诉讼离婚。协议离婚也称登记离婚、自愿离婚，是指婚姻关系因双方当事人的合意，并经过登记程序而解除。

诉讼离婚，是指夫妻双方就是否离婚或者财产的分割、债务的分担、子女的抚养等问题无法达成一致的意见，从而向人民法院起诉，人民法院经审理后，通过调解或判决解除婚姻关系的一种离婚制度。也就是说，诉讼离婚一般是协议离婚未果的法律措施。

（2）跨国婚姻离婚

中国法律规定的离婚有两种方式：协议离婚和起诉离婚。对于夫妻一方或者双方为外国人的，如果在外国或者中国港澳台地区结婚的，不能到民政局去办理协议离婚，只能向法院起诉离婚。协议离婚，需要双方亲自到场，才能够确定婚姻关系的解除；如果一方不能回国亲自办理，应当通过起诉方式解决。

对于如何进行起诉离婚，我们应当明确：对于嫁了“洋丈夫”或者娶了“洋媳妇”的中国公民，如果要起诉离婚，应当向本人户口所在地的人民法院提起离婚诉讼；本人不在户口所在地居住的，应当向自己的经常居住地的人民法院起诉，经常居住地是指连续居住超过一年的地方。而本案中的贺仁丽正是向自己户籍地的人民法院起诉离婚的。

2. 跨国婚姻诉讼离婚在管辖上有何特殊规定？

涉外婚姻案件的具体管辖法院，应根据以下不同情形来确定：

（1）对不在中华人民共和国领域内居住的人提起离婚诉讼

根据《民事诉讼法》第 23 条的规定，此类案件应由原告住所地人民法院管辖；原告住所地与经常居住地不一致的，由原告经常居住地人民法院管辖。

（2）涉及在国内结婚并定居国外的华侨的离婚诉讼

在国内结婚并定居国外的华侨，如定居国法院以离婚诉讼须由婚姻缔结地法院管辖为由不予受理，当事人向人民法院提出离婚诉讼的，由婚姻缔结地或者一方在国内的最后居住地人民法院管辖。

华侨是指定居在国外的中国公民。“定居”是指中国公民已取得住在国长期或者永久居留权，并已在住在国连续居留两年，两年内累计居留不少于18个月。中国公民虽未取得住在国长期或者永久居留权，但已取得住在国连续5年以上（含5年）合法居留资格，5年内在住在国累计居留不少于30个月，视为华侨。中国公民出国留学（包括公派和自费）在外学习期间，或因公务出国（包括外派劳务人员）在外工作期间，均不视为华侨。

（3）涉及在国外结婚并定居国外的华侨的离婚诉讼

在国外结婚并定居国外的华侨，如定居国法院以离婚诉讼须由国籍所属国法院管辖为由不予受理，当事人向人民法院提出离婚诉讼的，由一方原住所地或者在国内的最后居住地人民法院管辖。

（4）涉及中国公民一方向外国法院起诉，另一方向国内法院起诉的离婚诉讼

中国公民一方居住在国外，一方居住在国内，无论哪一方向人民法院提起离婚诉讼，国内一方住所地人民法院都有权管辖。国外一方在居住国法院起诉，国内一方向人民法院起诉的，受诉人民法院有权管辖。国外法院作出的离婚判决必须向中国法院申请承认后，在中国才具有法律效力。申请承认外国法院离婚判决的申请由申请人住所地中级人民法院受理。申请人住所地与经常居住地不一致的，由经常居住地中级人民法院受理。申请人不在国内的，由申请人原国内住所地中级人民法院受理。

（5）涉及在国外但未定居的中国公民的离婚诉讼

中国公民双方在国外但未定居，一方向人民法院起诉离婚的，应由原告或者被告原住所地人民法院管辖。

（6）涉及定居外国中国公民离婚后财产分割的诉讼

已经离婚的中国公民，双方均定居国外，仅就国内财产分割提起诉

讼的，由主要财产所在地人民法院管辖。

本案法律适用

《民法典》第1076条 夫妻双方自愿离婚的，应当签订书面离婚协议，并亲自到婚姻登记机关申请离婚登记。

离婚协议应当载明双方自愿离婚的意思表示和对子女抚养、财产以及债务处理等事项协商一致的意见。

《民法典》第1079条 夫妻一方要求离婚的，可以由有关组织进行调解或者直接向人民法院提起离婚诉讼。

人民法院审理离婚案件，应当进行调解；如果感情确已破裂，调解无效的，应当准予离婚。

有下列情形之一，调解无效的，应当准予离婚：

（一）重婚或者与他人同居；

（二）实施家庭暴力或者虐待、遗弃家庭成员；

（三）有赌博、吸毒等恶习屡教不改；

（四）因感情不和分居满二年；

（五）其他导致夫妻感情破裂的情形。

一方被宣告失踪，另一方提起离婚诉讼的，应当准予离婚。

经人民法院判决不准离婚后，双方又分居满一年，一方再次提起离婚诉讼的，应当准予离婚。

《民事诉讼法》第23条 下列民事诉讼，由原告住所地人民法院管辖；原告住所地与经常居住地不一致的，由原告经常居住地人民法院管辖：

（一）对不在中华人民共和国领域内居住的人提起的有关身份关系的

诉讼；

（二）对下落不明或者宣告失踪的人提起的有关身份关系的诉讼；

（三）对被采取强制性教育措施的人提起的诉讼；

（四）对被监禁的人提起的诉讼。

《民事诉讼法》第 266 条　在中华人民共和国领域内进行涉外民事诉讼，适用本编规定。本编没有规定的，适用本法其他有关规定。

《民事诉讼法》第 269 条　人民法院审理涉外民事案件，应当使用中华人民共和国通用的语言、文字。当事人要求提供翻译的，可以提供，费用由当事人承担。

《民事诉讼法》第 270 条　外国人、无国籍人、外国企业和组织在人民法院起诉、应诉，需要委托律师代理诉讼的，必须委托中华人民共和国的律师。

《民事诉讼法》第 271 条　在中华人民共和国领域内没有住所的外国人、无国籍人、外国企业和组织委托中华人民共和国律师或者其他人代理诉讼，从中华人民共和国领域外寄交或者托交的授权委托书，应当经所在国公证机关证明，并经中华人民共和国驻该国使领馆认证，或者履行中华人民共和国与该所在国订立的有关条约中规定的证明手续后，才具有效力。

《民事诉讼法》第 274 条　人民法院对在中华人民共和国领域内没有住所的当事人送达诉讼文书，可以采用下列方式：

（一）依照受送达人所在国与中华人民共和国缔结或者共同参加的国际条约中规定的方式送达；

（二）通过外交途径送达；

（三）对具有中华人民共和国国籍的受送达人，可以委托中华人民共和国驻受送达人所在国的使领馆代为送达；

（四）向受送达人委托的有权代其接受送达的诉讼代理人送达；

（五）向受送达人在中华人民共和国领域内设立的代表机构或者有权接受送达的分支机构、业务代办人送达；

（六）受送达人所在国的法律允许邮寄送达的，可以邮寄送达，自邮寄之日起满三个月，送达回证没有退回，但根据各种情况足以认定已经送达的，期间届满之日视为送达；

（七）采用传真、电子邮件等能够确认受送达人收悉的方式送达；

（八）不能用上述方式送达的，公告送达，自公告之日起满三个月，即视为送达。

《最高人民法院关于适用〈中华人民共和国民事诉讼法〉的解释》第12条 夫妻一方离开住所地超过一年，另一方起诉离婚的案件，可以由原告住所地人民法院管辖。

夫妻双方离开住所地超过一年，一方起诉离婚的案件，由被告经常居住地人民法院管辖；没有经常居住地的，由原告起诉时被告居住地人民法院管辖。

《最高人民法院关于适用〈中华人民共和国民事诉讼法〉的解释》第15条 中国公民一方居住在国外，一方居住在国内，不论哪一方向人民法院提起离婚诉讼，国内一方住所地人民法院都有权管辖。国外一方在居住国法院起诉，国内一方向人民法院起诉的，受诉人民法院有权管辖。

《最高人民法院关于适用〈中华人民共和国民事诉讼法〉的解释》第520条 有下列情形之一，人民法院可以认定为涉外民事案件：

（一）当事人一方或者双方是外国人、无国籍人、外国企业或者组织的；

（二）当事人一方或者双方的经常居所地在中华人民共和国领域外的；

（三）标的物在中华人民共和国领域外的；

（四）产生、变更或者消灭民事关系的法律事实发生在中华人民共和国领域外的；

（五）可以认定为涉外民事案件的其他情形。

案例13 被告不予出庭的离婚案件，能得到法院的支持吗？

前言

我们都知道，离婚案件属于身份关系诉讼，通常来说离婚案件的双方当事人必须本人到场出庭，这样便于法院对夫妻关系进行准确的审查。但是也有在一些离婚案件中，夫妻一方因为各种原因不能或不愿到场出庭，那么针对这种情况法院能够缺席审理吗？对于一方缺席的离婚纠纷，法院还会判决离婚吗？让我们跟随靳小秋的案件，一起来看看。

案件纪实

爱情是盲目的吗？也许是的。年轻的时候，靳小秋一直觉得自己是嫁给了爱情，可是后来她发现，只有爱情的婚姻，和没有爱情的婚姻一样，都是不幸的。

2003年，还在上大学的靳小秋经人介绍，意外结识了比自己年长21岁的程楠。和自己周围还懵懂幼稚的同龄人相比，工作多年的程楠举手投足间都充满了成熟儒雅的魅力。那年的靳小秋才20岁，她觉得程楠见识广、性格好、体贴又温柔、将自己照顾得无微不至，于是按捺不住春心萌动，不顾周围人的反对，于2005年同程楠确立了恋爱关系。

两个人在恋爱时，程楠告诉靳小秋自己是商人，在多地有生意，家里经济条件良好。小秋对此深信不疑，再加上程楠对她体贴入微的照料，女孩觉得自己幸福极了，在恋爱两年后便毫不犹豫地与程楠走进了婚姻的殿堂。

但是好景不长，结婚后的靳小秋很快就发现程楠有很多地方都不太对劲。比如他的职业似乎并不如他所说的那样，只是单纯地做生意。比如他常年都不在家居住，经常“出差”。比如他的电话总是关机，很多时候靳小秋都找不到他，他甚至不告诉自己在外面居住的地址……

以上种种，让靳小秋对自己的婚姻充满了危机感，她多次想要与程楠好好谈谈，但是对方总是敷衍、拖延，不给她交流的机会，这让靳小秋十分心灰意冷，一度在想自己的婚姻是不是个错误。

但是恰在这个时候，小秋发现自己怀孕了。

有了孩子的女性总是柔软的，靳小秋在犹豫之后，决定好好养育这个孩子，维持这个家庭。就这样两人在长期的异地分居中维持了九年婚姻，感情早已在天各一方的岁月中被消磨殆尽。2015年时，因两人在孩子抚养上的观念差异，靳小秋和程楠大吵了一架。靳小秋终于再也受不了经常不归家的程楠，在经过深思熟虑后，她鼓起勇气向法院提起了离婚诉讼。

原本以为这样就能从苦海中脱离，但是让靳小秋没有想到的是，她接连两年提起的两次离婚诉讼，程楠均未出庭，法院在进行公告后，对程楠进行两次缺席审判，因为无法确认他们真正的婚姻状况，两次诉讼均以驳回告终。

这样的结果让靳小秋无法接受，她害怕自己一辈子无法走出这段失败的婚姻。程楠平时还会和她联系，两个人依旧有来往，他并不是远走高飞杳无音讯。但是就是拒绝提供他的准确地址，也从不出席参与庭审，这让靳小秋觉得十分不公平。终于，到了可以进行第三次离婚诉讼的时候，靳小秋来到律师事务所，开始向律师求助，盼望能够早日解脱。

律师在了解了案件情况后，对这种状况也充满了疑惑，为避免第三次诉讼程楠再次不到庭应诉，律师提前到派出所的户籍科去调取了程楠的户籍资料，这一查才发现程楠早在 2006 年就因诈骗被列为网上在逃人员！这下，程楠这么多年长期不回家，就连诉讼都不出席的原因终于找到了！

靳小秋在知道事情真相的时候，大哭了一场，觉得自己这么多年为了家庭所做的努力都是一场空。在经过家人和律师的安抚后，她逐渐调整好自己的心情，擦干眼泪开始了第三次离婚诉讼。诉讼请求为：（1）判决自己和程楠离婚；（2）婚生子小程由自己抚养，程楠每月支付 2500 元直至孩子年满十八周岁。

当然，小秋的第三次离婚诉讼依旧没有等到程楠的出席。

作为离婚案件的被告，程楠仅向法院邮寄了答辩状和一些证据材料。领取诉状等事宜都全权委托给自己的弟弟处理。程楠在答辩状中提道：自己与靳小秋的感情并未破裂，不同意离婚。并且结婚多年自己因工作原因无法经常陪在家里人身边，但是家里的大小开销及重大事宜自己都有参与。他对自己的妻子孩子都给予了关心，因此希望法院能够帮助挽回这段婚姻。

但这段说辞丝毫不能得到靳小秋的认可，靳小秋认为程楠仅用一两件小事的消费情况，不足以证明对家庭尽到了应尽的义务。程楠常年不回家，电话打不通，给其他女子购买商品、装修房子，还对自己的职业和犯罪情况尽数隐瞒，这段婚姻满是欺骗，他们的关系早已是名存实亡，因此强烈要求离婚。

法院在经过审理后查明，双方自2015年开始一直处于分居状态，属于法定的准予离婚的情形。婚生子小程在经询问后明确表示要和靳小秋一起生活。因为靳小秋对程楠的收入等情况都不知情，抚养费难以确定，加之程楠系网上在逃人员的身份，抚养费恐怕难以执行。为了更快地解决离婚事宜，靳小秋甚至变更诉讼请求，不再要求程楠给付相应抚养费。最终法院认为靳小秋已起诉两次离婚，双方已有充足地修复感情的机会和时间，但未果。于是判决靳小秋与程楠离婚，婚生子小程由靳小秋抚养。

至此，这段纠缠了三年的离婚诉讼终于结束，靳小秋也终于走出了这段痛苦的婚姻，开始了人生新的篇章。

本案法律分析

本案不涉及财产问题，孩子抚养权也并非诉争焦点，是因感情破裂而请求离婚的典型案例。在本案中，我们认为：

一、靳小秋、程楠夫妻感情确已破裂且无修复的可能，法院在调解无效的情况下，应依法判决离婚

婚后由于程楠经常不回家，电话关机，靳小秋根本无法联系到他，无法知道其行踪，双方于2013年开始分居，夫妻之间缺乏应有的关爱、尊重、关心、爱护。2015年靳小秋搬至现住址后，程楠再未回家居住，双方一直分居至第三次离婚诉讼时已近七年。根据《民法典》第1079条第3款中的规定："有下列情形之一，调解无效的，应当准予离婚：……

（四）因感情不和分居满二年。”据此，靳小秋、程楠因感情不和分居已近七年，符合上述法定应当准予离婚的情形，夫妻感情确已破裂。

靳小秋分别于 2018 年、2019 年两次向法院起诉离婚，两次诉讼程楠均未到庭，因为无法联系程楠，均适用公告送达方式。法院判决不准离婚后，双方再未见面，更无法谈及修复夫妻感情及互相履行夫妻义务，婚姻关系早已名存实亡。本次诉讼已是靳小秋第三次向法院起诉，根据《民法典》第 1079 条第 5 款的规定：“经人民法院判决不准离婚后，双方又分居满一年，一方再次提起离婚诉讼的，应当准予离婚。”故靳小秋与程楠符合应当准予离婚条件。

靳小秋常年一个人带着孩子，十分艰辛，但是程楠怠于履行作为丈夫和父亲的责任和义务，对靳小秋和孩子漠不关心、不闻不问。靳小秋内心十分痛苦，精神上备受折磨。靳小秋离婚的态度非常坚决，应当得到法院的支持。

二、婚生子小程由靳小秋抚养更有利于孩子的身心健康成长

1. 孩子出生后，靳小秋为照顾孩子付出了全部的精力和心血，细心照顾孩子的生活起居，对孩子的生活、学习习惯等非常了解，对孩子进行了无微不至的照顾。孩子与靳小秋产生了深厚的情感依赖。孩子目前也形成了稳定的生活环境，贸然改变对孩子成长不利，孩子由靳小秋抚养更有利于孩子的成长。

2. 程楠对孩子经济上、精神上漠不关心，经常不回家，甚至在孩子生病期间也未曾陪伴，程楠行踪不定，无法给孩子提供持续的、稳定的、生活上、学习上、精神上的关爱和照顾，孩子由程楠抚养对孩子身心健康成长不利。

综上所述，靳小秋请求离婚的诉求符合法理和情理的双重要求，本案法院判决得当。

温馨提示

在实践中，对于离婚案件法院往往要求当事人双方必须到庭，因为只有当事人自己对自己的婚姻最具有话语权。但是对于当事人多次不到庭的案件，法院也可以采取公告送达、缺席审判的方式进行审理。如果案件事实确属应予离婚的情形，法院可以直接判决离婚，让另一方当事人尽早脱离苦海。

本案法律适用

《民法典》第1079条 夫妻一方要求离婚的，可以由有关组织进行调解或者直接向人民法院提起离婚诉讼。

人民法院审理离婚案件，应当进行调解；如果感情确已破裂，调解无效的，应当准予离婚。

有下列情形之一，调解无效的，应当准予离婚：

（一）重婚或者与他人同居；

（二）实施家庭暴力或者虐待、遗弃家庭成员；

（三）有赌博、吸毒等恶习屡教不改；

（四）因感情不和分居满二年；

（五）其他导致夫妻感情破裂的情形。

一方被宣告失踪，另一方提起离婚诉讼的，应当准予离婚。

经人民法院判决不准离婚后，双方又分居满一年，一方再次提起离婚诉讼的，应当准予离婚。

《民法典》第1084条　父母与子女间的关系，不因父母离婚而消除。离婚后，子女无论由父或者母直接抚养，仍是父母双方的子女。

离婚后，父母对于子女仍有抚养、教育、保护的权利和义务。

离婚后，不满两周岁的子女，以由母亲直接抚养为原则。已满两周岁的子女，父母双方对抚养问题协议不成的，由人民法院根据双方的具体情况，按照最有利于未成年子女的原则判决。子女已满八周岁的，应当尊重其真实意愿。

《民法典》第1085条　离婚后，子女由一方直接抚养的，另一方应当负担部分或者全部抚养费。负担费用的多少和期限的长短，由双方协议；协议不成的，由人民法院判决。

前款规定的协议或者判决，不妨碍子女在必要时向父母任何一方提出超过协议或者判决原定数额的合理要求。

案例14　离婚案件一方拒不配合，不到庭参与诉讼的，还能离婚吗？

前　言

相较于一般的民事纠纷，离婚案件属于解除夫妻身份关系案件，有一定的特殊性。比如离婚案件双方身份不得代理，需要本人亲自表达其意愿，因此实践中离婚案件在审理时，往往需要双方当事人本人到庭，以便法官听取当事人真实的意思表示。但是在我们的现实生活中，往往会出现一方拒不出庭的情况。例如，一方请求离婚，另一方不向法官表示其想法，甚至直接拒绝出庭。那么出现这种情况，法院还会判决离婚吗？让我们跟随肖杰的案例，一起来看看。

案件纪实

从2020年开始，离婚就成为困扰肖杰的头等大事。

肖杰今年已经53岁了，他和妻子刘美玉在1998年2月相识，因为双方父母都认识，两个人在还没有什么感情基础时就订了婚，紧接着，在1998年年底登记结婚。2002年1月，两人育有一个女儿肖涵。

由于双方在缺乏了解的情况下草率结婚，婚后肖杰和刘美玉动辄便发生争吵。刘美玉性格比较内向，不擅长与人沟通，遇到事情时不是哭闹就是发脾气、砸家具，还要把两家老人牵扯进小家庭的矛盾里，弄得肖杰头疼不已。

因为父母从小的教育就是家庭要和谐，给孩子一个完整的家。基于此观念，肖杰在那时并未想过要离婚，将精力主要放到工作上，还在2006年至2012年为家庭购入了两套房产。

但是婚姻中的问题并不会随着时间的逝去而消失，肖杰和刘美玉多年来也未能磨合到一起。不仅如此，刘美玉反而变本加厉，2016年11月，在肖杰和刘美玉再一次为孩子上学的问题产生争吵后，刘美玉一气之下将肖杰赶出了家门，并将肖杰的衣服、个人用品甚至是床和家具都清空了出去，导致肖杰根本无法在家中居住，不得已回到了自己父母家，两人至此分居。

在分居的那段日子里，肖杰和刘美玉连句话都不曾说过，两个人之间的交流全靠家人和孩子的传话，夫妻关系名存实亡。肖杰也不是没想过要离婚，但是一想到孩子还没有成年，他又觉得愧对孩子，一心想等到肖涵上大学再说。

2020年6月，肖涵不负众望考上了当地知名大学，肖杰在为女儿感到高兴的同时，也终于能够静下心来处理自己和刘美玉的婚姻问题。只是让肖杰心寒的是，哪怕过去了4年多，刘美玉依旧不愿意和自己进行任何沟通。无奈之下，肖杰在2020年10月，第一次诉至法院要求离婚。

法院在按照程序向刘美玉送达了诉状和传票后，却没有等来刘美玉的任何回复，在反复向刘美玉告知了缺席审判的后果后，刘玉梅却始终没有任何回复。由于是第一次起诉离婚，刘美玉又拒不出庭，为了维护婚姻关系的和谐稳定，即使在肖杰提供了分居证明的情况下，法院依旧以夫妻感情尚未破裂为由，驳回了肖杰的离婚请求。

在被法院驳回后，肖杰几次三番到住所找刘美玉沟通，他愿意将婚内的两套房子都留给刘美玉和孩子，自己净身出户，只希望两人能够好聚好散，但是刘美玉却一次次将他拒之门外。无奈之下，2021年7月，在距第一次领取判决书半年之后，肖杰第二次起诉离婚。可是这次刘美玉还是和去年一样，以消极的态度对抗肖杰的起诉，而让肖杰意想不到的是，即使已经是第二次起诉离婚，也确实分居了5年的时间，但法官依旧驳回了他的诉请。

这下肖杰可犯了难，他这一辈子很少享受到婚姻带来的幸福和满足，好不容易养大孩子，现在就想离婚过自己的日子，可是一次次被驳回的判决让他心灰意冷，难道这辈子都离不了婚吗？

肖杰实在无法接受这样的结果，最终委托了律师，希望律师能为自己想想主意。律师在接受了委托后，对肖杰也做了劝解，离婚案件存在特殊性，在一方拒不到庭的情况下，法院很难知晓当事人婚姻的真实情况和真实意思表示。由于肖杰领取第二次判决书时已经是2021年11月，律师建议肖杰再分居满一年后再起诉，就可以适用《民法典》第1079条第 5 款的规定了，即“经人民法院判决不准离婚后，双方又分居满一年，一方再次提起离婚诉讼的，应当准予离婚”。

2022 年 12 月，在又等待了一年的时间后，肖杰在律师的支持下第三次起诉到法院要求离婚，并同意将婚内购买的两套房屋全部留给妻子刘美玉。这一次，法院审理后认为：夫妻关系存续以感情为基础，肖杰与刘美玉虽系自愿结婚，因婚前相互了解不够，婚后缺乏沟通发生矛盾，二人分居生活，致使夫妻感情确已破裂，肖杰曾于 2020 年、2021 年两次起诉要求离婚，被法院驳回诉讼请求后，肖杰与刘美玉二人关系并未缓和，现肖杰再次起诉要求离婚，本院依法应予准许。最终判决：肖杰与刘美玉离婚。

至此，这段漫长的离婚诉讼终于走到了终点，53 岁的肖杰也终于走出了失败婚姻的阴影，可以开始有自己的新生活。

本案法律分析

离婚案件是否可以缺席判决？对于这个问题，我们认为离婚案件原则上是不能缺席判决的，但是例外情况除外，比如：

1. 被告经传唤拒不到庭，可以缺席判决

被告（包括无民事行为能力当事人的法定代理人）经传票传唤后无正当理由拒不到庭，或者未经法院许可中途退庭，可以缺席判决。

2. 被告不到庭可以缺席判决的情况

离婚案件的原告收到法院的传票后拒绝出庭，或者未经法庭许可中途退庭的，在被告反过来起诉原告的时候，法院可以缺席判决。

3. 被告一方下落不明，原告一方起诉离婚的，可以缺席判决

一方下落不明在离婚案件中很常见，因为夫妻长期不在一起生活，

导致双方感情淡化，故法官在解决此类案件时，是可以判决离婚的。

本案法律适用

《民法典》第 1079 条　夫妻一方要求离婚的，可以由有关组织进行调解或者直接向人民法院提起离婚诉讼。

人民法院审理离婚案件，应当进行调解；如果感情确已破裂，调解无效的，应当准予离婚。

有下列情形之一，调解无效的，应当准予离婚：

（一）重婚或者与他人同居；

（二）实施家庭暴力或者虐待、遗弃家庭成员；

（三）有赌博、吸毒等恶习屡教不改；

（四）因感情不和分居满二年；

（五）其他导致夫妻感情破裂的情形。

一方被宣告失踪，另一方提起离婚诉讼的，应当准予离婚。

经人民法院判决不准离婚后，双方又分居满一年，一方再次提起离婚诉讼的，应当准予离婚。

《民法典》第 1080 条　完成离婚登记，或者离婚判决书、调解书生效，即解除婚姻关系。

《民事诉讼法》第 146 条　原告经传票传唤，无正当理由拒不到庭的，或者未经法庭许可中途退庭的，可以按撤诉处理；被告反诉的，可以缺席判决。

《民事诉讼法》第 147 条　被告经传票传唤，无正当理由拒不到庭的，或者未经法庭许可中途退庭的，可以缺席判决。

《民事诉讼法》第 148 条　宣判前，原告申请撤诉的，是否准许，由人民法院裁定。

人民法院裁定不准许撤诉的，原告经传票传唤，无正当理由拒不到庭的，可以缺席判决。

《最高人民法院关于适用〈中华人民共和国民事诉讼法〉的解释》第235条 无民事行为能力的当事人的法定代理人，经传票传唤无正当理由拒不到庭，属于原告方的，比照民事诉讼法第一百四十六条的规定，按撤诉处理；属于被告方的，比照民事诉讼法第一百四十七条的规定，缺席判决。必要时，人民法院可以拘传其到庭。

《最高人民法院关于适用〈中华人民共和国民事诉讼法〉的解释》第241条 被告经传票传唤无正当理由拒不到庭，或者未经法庭许可中途退庭的，人民法院应当按期开庭或者继续开庭审理，对到庭的当事人诉讼请求、双方的诉辩理由以及已经提交的证据及其他诉讼材料进行审理后，可以依法缺席判决。

第二节 离婚财产分割

案例15 男方婚前购买房屋，女方出资装修，离婚后装修款该如何救济？

前 言

在现代社会中，新婚夫妻为了结婚而购买房屋是一种很普遍的现象。

由于购买房屋花费金额较大，通常会由双方共同出资，或是一方出资首付款，另一方出资装修款，这在我国社会实践中是老百姓们“不约而同”的做法。但是我们需要注意，若是婚姻走到了尽头，离婚双方在分割财产时，对于房屋所有权的划分更多地是侧重首付款而非装修款。随着时间的流逝，对房屋具有所有权的一方，可能会因房屋的增值而获益，而对房屋出资装修的一方却因装修的贬值而受损，这在离婚时是十分不公平的。那么，离婚时对房屋进行出资装修的一方该如何救济自己的权利呢？让我们跟随姜晨的案例，一起来看看。

案件纪实

姜晨和郭景皓于2016年3月经人介绍相识，因两人都已到适婚年龄，因此很快便确立了恋爱关系，约定到第二年就结婚。

2016年10月的时候，郭景皓与姜晨商量，想要购买一套房屋作为以后结婚的婚房，因为自己是男方，所以房屋全款由自己负担，姜晨作为女方只要负担装修费就可以。姜晨觉得这个提议不错，欣然同意。于是郭景皓便于当年的年底，全款购买了位于西安市某区的A房屋，房屋总价50万元。

第二年，也就是2017年8月，郭景皓和姜晨如约登记结婚。结婚后姜晨的母亲分期向姜晨转了3笔钱，共计30万元，全部用于房屋的装修。郭景皓也于2017年年底，向姜晨出具了收条一份，上面载明“收到30万元房款，A房屋属于夫妻共同财产”。

原以为之后小两口就能够和和美美地过日子，岂料好景不长，2019年时双方因为琐事产生了矛盾，郭景皓开始持续性地对姜晨进行恐吓、殴打，甚至稍有不和便将姜晨赶出家门，严重破坏了夫妻间的感情。姜晨终日活在无助和恐惧之中，实在不愿再维系这段痛苦的婚姻，便在家人的支持下两次提起离婚诉讼，但均被法院以“感情并未破裂为由”予以驳回。

时间很快来到可以第三次起诉的时候，这次姜晨选择委托律师来帮助自己摆脱婚姻困境。律师在接待了姜晨之后，分析了她的婚姻状况和财产情况，因为姜晨已经是第三次起诉了，因此离婚的诉求应该可以实现。而他们夫妻间的共同财产并没有什么，仅有 A 房屋一套。虽然是婚前男方全款购买，但因为女方有对房屋装修出资，且男方出具了收条并约定该房屋为夫妻共同财产，因此该房屋是可以分割的。但是姜晨个人的想法是不愿意在房子上再与郭景皓有过多牵扯，她不想要房子，也不想要郭景皓按房屋现价值补给她折价款，她只希望郭景皓能够返还当初母亲出资的 30 万元装修费用。

而这一点郭景皓无论如何也不同意。在该案进入法庭审理阶段后，郭景皓便在庭上提出了答辩意见：（1）同意离婚；（2）A 房屋为自己婚前全款购买，应为自己的个人财产，自己并未收到姜晨母亲的 30 万元，因此不同意返还姜晨装修款。

针对郭景皓的答辩意见，律师出示了如下证据：2017 年年底由郭景皓先生本人出具的收条、房屋装修期间姜晨母亲向姜晨转款 30 万元的记录以及装修时的付款记录、发票等。

结合以上证据，法院最终认为：郭景皓出具的收条以书面形式约定该房屋为夫妻共同财产，符合法律规定，对双方均有约束力。而根据姜晨所举的证据，可看出姜晨母亲的转款确实主要用于装修，姜晨对房屋做出了较大贡献。按照姜晨的个人意愿，其未要求郭景皓按照当前市场价值对房屋进行分割，仅主张郭景皓向其返还 30 万元，于法有据，应当得到支持。最终判决：（1）准予姜晨和郭景皓离婚；（2）涉案 A 房屋归郭景皓所有，郭景皓向姜晨支付 30 万元。

案件结束后，姜晨一直压在心头的阴影终于消散，她彻底从失败的婚姻中解脱，并且挽回了 30 万元的财产利益。

本案法律分析

本案的争议焦点为：涉案 A 房屋是否属于夫妻共同财产？姜晨的 30 万元装修款能否予以返还？

针对以上争议焦点，我们认为：

1. 案涉 A 房屋登记在郭景皓名下，系郭景皓婚前购买，房屋总价款为 50 万元，买房之后郭景皓再无任何积蓄。根据事先的约定，姜晨、郭景皓登记结婚后，由姜晨母亲出资 30 万元，约定该房屋为夫妻共同财产。在此前提下，姜晨母亲分 3 次向姜晨账户转款共计 30 万元。

收到钱款后，郭景皓出具收条一份确认该 30 万元款项，并在收条中明确约定："现有房产为夫妻共同财产，房产证上应有郭景皓、姜晨两人名字。"郭景皓和姜晨均亲笔签字、捺印。

该收条实质内容为夫妻财产约定，对该部分应适用《民法典》第 1065 条中相关条文规定，"男女双方可以约定婚姻关系存续期间所得的财产以及婚前财产归各自所有、共同所有或者部分各自所有、部分共同所有"。夫妻对婚姻关系存续期间所得的财产以及婚前财产的约定，对双方具有法律约束力。该协议由郭景皓、姜晨二人共同签字，且符合法律规定，故该协议合法有效。涉案 A 房屋确属夫妻共同财产。

根据姜晨举证情况以及郭景皓、姜晨当初签署"收条"的真实意愿，结合姜晨母亲转账给姜晨的时间、双方申请装修的时间、装修票据来看，姜晨母亲出资30万元用于装修的前提是双方认可该房屋属于夫妻共同财产。

但是本着良善的愿望、实事求是的态度，姜晨仅要求返还其母亲出资款30万元，结合本案的实际情况，如果该房屋认定为郭景皓个人财产，姜晨的出资应认定为对姜晨个人的赠与，根据《最高人民法院关于适用〈中华人民共和国民法典〉婚姻家庭编的解释（一）》第29条的相关条文规定，当事人结婚后，父母为双方购置房屋出资的，依照约定处理。本案“收条”中呈现的内容是该房屋属于夫妻共同财产，姜晨母亲才进行的出资，但如果认定该房屋是郭景皓个人财产，姜晨母亲赠与的意愿显然是给自己子女的个人赠与。因此，郭景皓应予以全额返还装修款项。本案中，要么房屋属于夫妻共同财产，双方共同分割房产；要么房屋属于郭景皓个人财产，郭景皓返还姜晨全部装修款项。这样更符合公平原则及法律精神。

2. 姜晨装修A房屋时，所有款项均来自姜晨母亲转账，并未用夫妻共同财产进行支付。在装修房屋过程中，姜晨花费了巨大的心血、精力、时间和金钱，婚姻的不幸已经给姜晨带来极大的伤害，如果自身财产利益也无法得到保障，无疑是雪上加霜。

《民法典》第1087条规定：“离婚时，夫妻的共同财产由双方协议处理；协议不成的，由人民法院根据财产的具体情况，按照照顾子女、女方和无过错方权益的原则判决。对夫或者妻在家庭土地承包经营中享有的权益等，应当依法予以保护。”因此，在对夫妻共同财产进行处理时，应照顾女方的权益。本案判决郭景皓向姜晨支付30万元，合情合理合法。

同时，该案也为我们对一方出资购房，另一方出资装修时，装修款的救济方式提供了思路——房屋的装修款并不是真正意义上的房产，因此在离婚时要获得补偿，只会对残值进行评估，而后取得相应补偿，考虑到装修部分会随着时间推移而贬值，因而其获得补偿也极为有限，这对出资一方极不公平。因此如果想要得到与购房款对等的补偿，夫妻双方可以签订协议，将装修款当作购房出资款来对待，这可以当作夫妻对共同财产的约定，具有法律效力，能够在离婚时最大限度地保障出资一方的个人权益。

温馨提示

新婚夫妻在结婚前无论是哪一方出资购买房屋，哪一方出资对房屋进行装修，这都是双方对未来生活的美好展望。在现实生活中，出资装修的一方往往没有在前期与对方签订相关的协议，从而导致在双方感情破裂时自己的合法权益无法得到合理的主张。在此，律师提醒，婚前夫妻双方对各自的财产及出资进行合理的约定是十分必要的。

本案法律适用

《民法典》第 1065 条　男女双方可以约定婚姻关系存续期间所得的财产以及婚前财产归各自所有、共同所有或者部分各自所有、部分共同所有。约定应当采用书面形式。没有约定或者约定不明确的，适用本法第一千零六十二条、第一千零六十三条的规定。

夫妻对婚姻关系存续期间所得的财产以及婚前财产的约定，对双方具有法律约束力。

夫妻对婚姻关系存续期间所得的财产约定归各自所有，夫或者妻一方对外所负的债务，相对人知道该约定的，以夫或者妻一方的个人财产清偿。

《民法典》第1087条 离婚时，夫妻的共同财产由双方协议处理；协议不成的，由人民法院根据财产的具体情况，按照照顾子女、女方和无过错方权益的原则判决。

对夫或者妻在家庭土地承包经营中享有的权益等，应当依法予以保护。

《最高人民法院关于适用〈中华人民共和国民法典〉婚姻家庭编的解释（一）》第29条 当事人结婚前，父母为双方购置房屋出资的，该出资应当认定为对自己子女个人的赠与，但父母明确表示赠与双方的除外。

当事人结婚后，父母为双方购置房屋出资的，依照约定处理；没有约定或者约定不明确的，按照民法典第一千零六十二条第一款第四项规定的原则处理。

案例16 婚前一方贷款购房婚后该方父母还贷的房屋，离婚时是否应予分割?

前言

房屋分割一直是离婚财产分割中的重要问题。中国自古有“安家立业”的传统，老百姓们往往习惯于在结婚前或结婚后购置房产以安家落户。但是在离婚时，对于双方所拥有的房屋所有权的归属往往会引起很大争议。房屋作为一种大额的不动产，在我国社会实践中，其中牵扯的不只是婚姻双方的利益，还有两个家庭的经济往来。比如婚姻一方在婚前购买的房屋，只登记在一方名下，婚后由该方父母进行清偿还贷，在分割时，该房屋及相应还贷部分和增值部分，能否被认定为夫妻共同财产呢？让我们跟随佘泽的案件，一起来看看。

案件纪实

佘泽从来没有想过，他和周蔓蔓会有一天对簿公堂。

年少时的爱恋总是最美好的，佘泽与周蔓蔓在高中时相识，他们顶着学业的压力和早恋的风险，从高中一路走向大学，再走向社会，依旧没有放开彼此的手。同学们都以他们的爱情为榜样，他们也一直自认为自己就是爱情的模样。终于，在交往了多年后，他们在2018年5月走进了婚姻的殿堂。

但是令所有人都没想到的是，佘泽和周蔓蔓的婚后生活，并不像想象中的美好。由于工作的原因，他们长期分居两地，沟通交流逐渐减少，争吵冷战倒是成了家常便饭。原本单纯美好的爱情，被消磨在柴米油盐的日常生活当中，逐渐了无踪迹。佘泽为这段自己不知如何是好的婚姻头痛不已，想要解脱，但是又放不下这么多年对周蔓蔓的感情，只好选择逃避，双方逐渐形同陌路。

令佘泽没想到的是，在这样生活了几年之后，有一天他突然收到了法院寄来的传票和起诉状。打开之后他大吃一惊，原来这是周蔓蔓在并未告知他的情况下，向法院提起的离婚诉讼，她态度很明确，就是要同佘泽离婚。更令佘泽感到困惑的是，周蔓蔓在要求离婚的同时，还指明了要求分割佘泽名下位于西安市某区A房产的婚后还贷及对应增值部分200余万元。

佘泽对这一请求感到大为不解，因为涉案的这套房屋是佘泽母亲于

2015年即他和周蔓蔓结婚前购买的，首付款和婚后还贷部分均由佘泽母亲承担。虽然登记在佘泽的名下，但是本质上这套房屋是属于佘泽母亲的，且周蔓蔓也知道真实情况，他没有想到周蔓蔓竟然会打起这套房子的主意，一时间百感交集。为了维护自己母亲的合法权益，佘泽在犹豫过后，最终还是选择寻求律师的帮助。

律师在了解案情后，认为该房屋的相应还贷和增值部分不属于夫妻共同财产，周蔓蔓无权予以分割。在仔细询问了佘泽的想法和态度后，最终做出了同意离婚但不同意分割涉案房屋婚后还贷及对应增值部分的应诉准备。

本案法院在经过审理过后，确认了该房屋系佘泽母亲于佘泽和周蔓蔓婚前购买，且婚后还贷一直是佘泽母亲定时转账还款，因此该房屋不属于夫妻共同财产，周蔓蔓没有请求分割的权利。最终判决：（1）准予周蔓蔓与佘泽离婚。（2）驳回周蔓蔓的其他诉讼请求。

本案法律分析

1. 离婚时，哪些财产属于夫妻共有财产？

据《民法典》和《最高人民法院关于适用〈中华人民共和国民法典〉婚姻家庭编的解释（一）》的规定，夫妻共同财产包括以下内容：（1）工资、奖金、劳务报酬；（2）生产、经营、投资的收益，比如夫妻共同经营一家商店，产生的收入均属于夫妻共同财产；（3）知识产权的收益，比如夫妻一方获得的稿费收入、专利权转让费用等，均属于夫妻共同财产；（4）继承或者受赠的财产，但是这部分财产不包括遗嘱或者赠与合同中确定只归一方的财产；（5）夫妻一方以个人财产投资取得的收益；（6）夫妻一方实际取得或者应当取得的住房补贴、住房公积金；

（7）夫妻一方实际取得或者应当取得的基本养老金、破产安置补偿费。对夫妻共同财产，夫妻双方具有平等的处理权。

2. 哪些属于夫妻一方婚前的个人财产？

一方的婚前财产是指一方婚前已经取得的财产，包括动产和不动产。一方婚前财产可分为以下 4 类：

（1）个人所有的财产，如工资、奖金，从事生产、经营取得的收益，知识产权的收益，因继承或赠与所得的财产、资本收益以及其他合法收入。

（2）一方婚前已经取得的财产权利，如一方婚前取得的债权等。

（3）婚前财产的利息，包括个人财产婚前利息。

（4）一方婚前以货币、股权等形式存在，而婚后表现为另一形态的财产。

3. 本案争议焦点：案涉 A 房屋的婚后还贷部分及相应增值部分是否属于夫妻共同财产？是否应予分割？

针对以上争议焦点，我们认为：

根据《最高人民法院关于适用〈中华人民共和国民法典〉婚姻家庭编的解释（一）》第 78 条规定："夫妻一方婚前签订不动产买卖合同，以个人财产支付首付款并在银行贷款，婚后用夫妻共同财产还贷，不动产登记于首付款支付方名下的，离婚时该不动产由双方协议处理。依前款规定不能达成协议的，人民法院可以判决该不动产归登记一方，尚未归还的贷款为不动产登记一方的个人债务。双方婚后共同还贷支付的款项及其相对应财产增值部分，离婚时应根据民法典第一千零八十七条第一款规定的原则，由不动产登记一方对另一方进行补偿。"

本案中，案涉 A 房屋是佘泽在婚前通过签订买卖合同、银行借款合同的形式购买的，以佘泽作为所有权人的所有权亦设立于婚前。由此来看，案涉A房屋属于佘泽的婚前财产。案涉A房屋上的银行借款债务也是佘泽作为借款人的个人债务。在此种情形下，佘泽的母亲在佘泽和周蔓蔓婚后向佘泽银行按揭账户转账用于清偿债务的行为，应视为清偿被告的个人债务，而非对周蔓蔓的赠与。此认定与案涉房屋属婚前个人财产和借款债务属个人债务的情况相符，也符合父母基于对自己子女的亲情而出资的日常生活经验。且案涉房屋婚后银行借款债务的清偿资金来源于佘泽之母，并非来源于周蔓蔓或者佘泽婚后的财产。综上所述，案涉房屋银行按揭贷款还款资金并非源于双方的夫妻共同财产，周蔓蔓无权提出分割主张。

温馨提示

父母为自己的子女婚前出资购买房屋的本意就是为了让自己的子女能够顺利成婚，组建属于他们的小家庭。这是大多数中国传统家庭的一贯想法。但是，在相关的司法实务过程中，很多夫妻在解除婚姻关系时会对夫妻共同财产进行分割。确属夫妻的共同财产应当依法分割，但若是一方父母在婚前明确为自己的子女购买的房屋，另一方是无权主张分割的。在此，律师提醒，父母为自己的子女购买房屋用于成婚一定要明确具体的赠与对象，必要时可以签订相关的协议以备不时之需。

本案法律适用

《民法典》第1062条 夫妻在婚姻关系存续期间所得的下列财产，为夫妻的共同财产，归夫妻共同所有：

（一）工资、奖金、劳务报酬；

（二）生产、经营、投资的收益；

（三）知识产权的收益；

（四）继承或者受赠的财产，但是本法第一千零六十三条第三项规定的除外；

（五）其他应当归共同所有的财产。

夫妻对共同财产，有平等的处理权。

《民法典》第1063条　下列财产为夫妻一方的个人财产：

（一）一方的婚前财产；

（二）一方因受到人身损害获得的赔偿或者补偿；

（三）遗嘱或者赠与合同中确定只归一方的财产；

（四）一方专用的生活用品；

（五）其他应当归一方的财产。

《最高人民法院关于适用〈中华人民共和国民法典〉婚姻家庭编的解释（一）》第29条　当事人结婚前，父母为双方购置房屋出资的，该出资应当认定为对自己子女个人的赠与，但父母明确表示赠与双方的除外。

当事人结婚后，父母为双方购置房屋出资的，依照约定处理；没有约定或者约定不明确的，按照民法典第一千零六十二条第一款第四项规定的原则处理。

《最高人民法院关于适用〈中华人民共和国民法典〉婚姻家庭编的解释（一）》第78条　夫妻一方婚前签订不动产买卖合同，以个人财产支付首付款并在银行贷款，婚后用夫妻共同财产还贷，不动产登记于首付款支付方名下的，离婚时该不动产由双方协议处理。

依前款规定不能达成协议的，人民法院可以判决该不动产归登记一方，尚未归还的贷款为不动产登记一方的个人债务。双方婚后共同还贷支付的款项及其相对应财产增值部分，离婚时应根据民法典第一千零八十七条第一款规定的原则，由不动产登记一方对另一方进行补偿。

案例17 婚前男方出资首付款，房屋登记在女方名下，离婚时该房屋应如何分割？

前言

村上春树说：“对相爱的人来说，对方的心才是最好的房子。”但在现实生活中，当爱情消逝，相爱的人不再相爱，婚姻无法存续，如何分割房产就成为男女双方实际面临的首要问题。那么，如果婚前男方出资，登记在女方名下的房产，到底应归谁所有？我们来看看刘浩的案件，最终法院是如何进行认定的。

案件纪实

刘浩与冯宜雨是自由恋爱认识的。刘浩大学毕业后留在西安工作，2017年5月的时候，因为工作上的关系认识了冯宜雨，两人一见如故，很快便确立了恋爱关系。冯宜雨是本地人，从小被父母捧在手心长大，事事都让刘浩迁就她，刘浩觉得身为男人也应该承担起照顾女方的责任，便在冯宜雨的软磨硬泡下，拿出了自己全部的积蓄，在2018年1月的时候，购买了位于西安市的A房屋一套。购买的时候由于刘浩是外地户口，就以冯宜雨作为买受人和开发商签订了商品房买卖合同，房屋也只登记在了冯宜雨一人名下，但房屋首付款 27 万元全部由刘浩一人出资。

2018 年 6 月的时候，两人终于步入了婚姻的殿堂，并于 2019 年 2 月生育一子。原本一家人和和美美地过日子就好，但让两个人都没想到的是，婚后双方因性格不合、价值观差异较大，经常发生争吵。因为冯宜雨家乡就在西安本地，所以动辄便会离家出走，很长时间不回家住，使得刘浩身心疲惫。刘浩工作上压力已经很大，同时还要面对支离破碎的家庭，自己再无力支撑，遂于 2020 年 7 月诉至法院要求离婚，要求婚生子由其抚养，同时要求将该房屋判归其所有，由他向冯宜雨按房屋现价值支付折价款。

出乎意料的是，冯宜雨在接到诉状后，很快同意离婚，对于离婚及子女抚养问题争议不大，但是冯宜雨却主张涉案房屋是在婚前购买的，且登记在她个人名下，因此认为该房屋属于刘浩对她的赠与，是她的婚前个人财产，不应该在离婚时予以分割。

这下刘浩可犯了难，这个房子是他工作多年购买的唯一房产，婚后的房贷也一直是他在偿还，离婚后还想继续和孩子生活在里面。如果房屋被判给冯宜雨个人，他和孩子将再无居所。情急之下刘浩联系了律师，希望通过法律手段维护自己的合法权益。

律师在参与本案后，认为该房屋的首付款全部由刘浩婚前个人财产支付，婚前婚后按揭贷款均由刘浩进行偿还。虽然婚前登记在冯宜雨名下，但也是以结婚为目的，为了小两口的生活而购买的婚房，刘浩对房屋贡献更大，于情于法均应将该房屋判归刘浩所有，由刘浩按照房屋现市场价值向冯宜雨支付房屋折价款。

法院审理后采纳了律师意见，认为双方以结婚为目的购买的房屋，应属于双方共同共有，根据双方举证情况，考虑到刘浩支付了首付款并多次给冯宜雨转账用于偿还房屋贷款的情况，酌定将该房屋判归刘浩所有。

最终法院判决如下：（1）刘浩与冯宜雨离婚；（2）婚生子随同刘浩生活，冯宜雨每月支付抚养费1500元直至孩子独立生活为止；（3）涉案房屋归刘浩所有，剩余按揭贷款由刘浩偿还，刘浩自判决生效10日内支付冯宜雨房屋折价款50余万元。

刘浩倾全家之力购买的房屋最终判归其所有，也体现了法律的温度和公平正义！

本案法律分析

本案中，双方对于离婚及子女抚养问题争议不大，房屋归属问题成为最大的争议焦点。结合本案的事实及举证情况，庭审中律师发表了如下代理意见：

1. 该房屋虽然婚前登记在冯宜雨名下，但由于购买房屋时刘浩户籍受限，无奈以被告冯宜雨名义购买，并非赠与。且该房屋首付款全部由刘浩婚前个人财产支付，婚前婚后按揭贷款均由刘浩进行偿还，刘浩对该房屋付出了更多的资金、时间、精力和心血，该房屋应该依法判归刘浩所有，刘浩给冯宜雨适当的补偿。

2. 冯宜雨主张是赠与关系，但并未举证刘浩有赠与的意思表示。且在离婚诉讼中，如果简单地把这种情况定性为赠与，对实际出资一方很不公平。考虑到双方婚前买房的目的是结婚共同生活，并没有明确的赠与意思表示，从公平角度考虑，可以认定双方按照各自的出资比例共有该房产。

3. 结合双方的举证情况，刘浩对房屋贡献更大。且双方婚姻关系存续时间不长，婚后冯宜雨多次离家出走，未尽到家庭责任，实际共同生活时间短，冯宜雨对房屋贡献较小，而且对于银行贷款也不愿偿还，因此，于情于法均应将该房屋判归刘浩所有。

温馨提示

现在，房屋作为大额不动产，大家多采取先支付一部分首付款，然后向银行等金融机构按揭贷款的方式来购买房屋。在现实中，往往是采取夫妻一方出资首付款，另一方偿还贷款的形式来共同拥有对房屋的所有权。如果有一天，夫妻关系破裂，共有的房产应当按照法律规定进行分割。但是如果遇到像本案中的情况就需要我们通过法律的手段来主张自己的权利了。在此，律师提醒：夫妻婚前对于大额不动产的购买一定要提前做好约定，避免后期产生经济纠纷。

本案法律适用

《民法典》第 1062 条　夫妻在婚姻关系存续期间所得的下列财产，为夫妻的共同财产，归夫妻共同所有：

（一）工资、奖金、劳务报酬；

（二）生产、经营、投资的收益；

（三）知识产权的收益；

（四）继承或者受赠的财产，但是本法第一千零六十三条第三项规定的除外；

（五）其他应当归共同所有的财产。

夫妻对共同财产，有平等的处理权。

《民法典》第1063条 下列财产为夫妻一方的个人财产：

（一）一方的婚前财产；

（二）一方因受到人身损害获得的赔偿或者补偿；

（三）遗嘱或者赠与合同中确定只归一方的财产；

（四）一方专用的生活用品；

（五）其他应当归一方的财产。

《最高人民法院关于适用〈中华人民共和国民法典〉婚姻家庭编的解释（一）》第78条 夫妻一方婚前签订不动产买卖合同，以个人财产支付首付款并在银行贷款，婚后用夫妻共同财产还贷，不动产登记于首付款支付方名下的，离婚时该不动产由双方协议处理。

依前款规定不能达成协议的，人民法院可以判决该不动产归登记一方，尚未归还的贷款为不动产登记一方的个人债务。双方婚后共同还贷支付的款项及其相对应财产增值部分，离婚时应根据民法典第一千零八十七条第一款规定的原则，由不动产登记一方对另一方进行补偿。

案例18 由男方父母出资首付款，双方共同还贷的房屋，离婚时男方不肯分割，女方该如何救济？

前言

夫妻共同财产的分割一直是现代社会夫妻离婚时矛盾的焦点所在，在家事案件中十分常见。夫妻共同财产分割是指离婚时对于夫妻共同财产的合法分割，包括双方共有的房屋、车辆、存款等。但是在法律实践中，对于夫妻共有的“房屋”在分割时往往存在一些争议，比如由一方父母出资首付款，但婚后由双方共同还贷的房屋，在法律上究竟还能不能以“共同财产”进行分割呢？让我们跟随宋媛媛的案例，一起来看看。

案件纪实

宋媛媛和余晓东恋爱的时候都很年轻，两个人都刚刚毕业没多久，工作尚未稳定下来。但因为那个时候的他们都觉得彼此很合适，便想早早地走入婚姻的殿堂。

这个想法没什么错，两家人也都十分支持。余晓东的父亲更是大手一挥，说要给他们在西安市购买一套房屋作为婚房，首付款由自己支付，宋媛媛和余晓东只用每个月支付房贷就可以。小两口听了很是高兴，连忙把这个消息告诉了宋媛媛的父母。老两口听到亲家这么大方，也不甘示弱，表示如果余晓东的父亲真的购买了房屋，那房子的所有装修费用就都由宋媛媛家来承担。

就这样，两个家庭一拍即合，婚礼很快便提上了日程。2016 年 4 月，宋媛媛和余晓东在西安市登记结婚，正式成为夫妻。同年年底，新婚的二人便在西安市某区看中了一套房屋，总价款65 万元，其中首付款20 万元由余晓东父亲支付。交房后一共花费 15 万余元的装修费用，这笔费用是由宋媛媛父母提供的。

由于婚前感情基础良好，因此，宋媛媛和晓东的婚姻在刚开始时是十分幸福的。但是随着二人年龄的增长，工作和社会的压力给予了两人沉重的负担，他们之间出现了越来越多的争吵，因为双方的性格原因，矛盾始终得不到解决，于是感情就在不断的摩擦中渐渐淡漠。2020 年年底的时候，宋媛媛终于再也忍受不了晓东的“冷暴力”，向法院提出了离婚的诉讼请求。

因为双方积怨已久，因此余晓东也同意离婚。婚是可以离的，但是怎么离，却成了两个人争执不休的焦点。

宋媛媛和余晓东并没有什么夫妻共同财产，仅有结婚时购买的那套A房屋。宋媛媛认为这是他们俩的婚房，属于夫妻共同财产，理应在离婚时予以分割。余晓东却有不同的看法，他认为这套房屋的首付款是自己父亲支付的，应当认定为对自己个人的赠与，因此该套房屋不属于夫妻共同财产，不应分割。

两个人就此争执不下，最终交由法院判决。

法院经审理后认为，该房屋于婚内购买，虽然首付款由余晓东父亲支付，但是装修费用是由宋媛媛家里承担的，而且婚后的还贷也是两人共同偿还，二人均对该房屋有所贡献，该房屋确属夫妻共同财产。但由于该房屋的首付款是由余晓东父亲出资，因此最终判决该房屋属余晓东所有，但余晓东应就房屋共同还贷款项及相应增值部分补偿宋媛媛35万余元折价款，及装修和家具家电2万余元折价款。

该案件一审判决生效，目前已经执行完毕。宋媛媛之前独自忍受着工作和生活的压力，长期被丈夫“冷暴力”对待，还在离婚后差点被“净身出户”，所遭受的种种不公平待遇终于得到了应得的补偿。

本案法律分析

本案的争议焦点只有一个，即涉案A房屋究竟属不属于夫妻共同财产，是否应予分割？

对此，我们认为：

1. 涉案房屋属于夫妻共同财产，应依法予以分割。宋媛媛与余晓东于 2016 年 4 月登记结婚，2020 年 3 月起诉离婚。余晓东是于 2016 年 11 月购买的涉案房屋，登记在不动产登记簿上的时间则为 2017 年 8 月。涉案房屋买卖过程中的重要节点均在婚姻关系存续期间，故该房产属于夫妻共同财产。

2. 根据《最高人民法院关于适用〈中华人民共和国民法典〉婚姻家庭编的解释（一）》第 29 条第 2 款规定："当事人结婚后，父母为双方购置房屋出资的，依照约定处理；没有约定或者约定不明确的，按照民法典第一千零六十二条第一款第四项规定的原则处理。"本案中，该房屋在交付首付款、装修、实际出资时，并未明确表示是赠与子女一方的，因此应认定为夫妻共同财产。

3. 从债务承担方式的角度考虑，当事人婚后办理按揭贷款，也是由夫妻双方承担连带还款责任。根据权利义务对等原则，该房屋及增值收益也应该归夫妻双方共同所有。

4. 本案中，双方父母共同出资买房、装修，对于房屋的出资贡献基本对等。且大修基金、契税、婚后按揭贷款是用夫妻共同财产进行偿还的，因此该房屋作为夫妻共同财产分割，合情合理合法。且根据照顾女方权益原则进行判决，应给宋媛媛适当多分财产。

温馨提示

夫妻双方在婚前购买房屋由一方父母出资首付款，另一方父母出资装修的情况在现实生活中是十分普遍且常见的。但这类问题在夫妻离婚时往往成了双方纠缠不休的重要原因。本案中的情况极具代表性，夫妻共同承担房屋的按揭贷款理应作为夫妻共同财产在离婚时进行分割。

本案法律适用

《民法典》第1062条 夫妻在婚姻关系存续期间所得的下列财产，为夫妻的共同财产，归夫妻共同所有：

（一）工资、奖金、劳务报酬；

（二）生产、经营、投资的收益；

（三）知识产权的收益；

（四）继承或者受赠的财产，但是本法第一千零六十三条第三项规定的除外；

（五）其他应当归共同所有的财产。

夫妻对共同财产，有平等的处理权。

《最高人民法院关于适用〈中华人民共和国民法典〉婚姻家庭编的解释（一）》第29条 当事人结婚前，父母为双方购置房屋出资的，该出资应当认定为对自己子女个人的赠与，但父母明确表示赠与双方的除外。

当事人结婚后，父母为双方购置房屋出资的，依照约定处理；没有约定或者约定不明确的，按照民法典第一千零六十二条第一款第四项规定的原则处理。

案例19 住房公积金、养老保险金属于夫妻共同财产吗？离婚时可以要求分割吗？

前 言

住房公积金是指国家机关和事业单位、国有企业、城镇集体企业、外商投资企业及其在职职工，对等缴存的长期住房储蓄。养老保险金是政府或者企业支付给离退休人员用于保障日常生活的货币额。它们都存在于职工的基本福利“五险一金”中，属于职工财产的一部分。但是很多人都不太清楚，住房公积金和养老保险是否属于夫妻共同财产？离婚时应不应该予以分割呢？让我们跟随林可然的案例，一起来看看。

案件纪实

林可然很早之前就有想要离婚的念头了。她和丈夫吴恒很早就相识，那时的他们还年轻，她对吴恒一见钟情，认识没多久两个人就确立了恋爱关系，并于第二年风风火火地办理了结婚登记。婚后一开始两个人的关系很好，在甜甜蜜蜜地度过了三年的二人世界后，他们在2011年生育了一个孩子小吴。

林可然原本以为，有了孩子之后他们的关系肯定会更融洽，一家人一定会幸福地生活在一起。却不料，在孩子出生后不久，吴恒便由于工作原因搬去了外地，至此，便是长时间的两地分居。分居生活让两人缺乏沟通，渐行渐远，感情逐渐变淡，矛盾也日趋显现。2018年开始，因日常琐事双方矛盾加重，吴恒脾气暴躁，动辄便发怒殴打妻子，也不再给付林可然和孩子生活费。一个家庭日渐支离破碎，林可然在愤怒、伤痛之中，终于产生了想要离婚的想法。

可是毕竟是十几年的夫妻，离婚也不是一蹴而就的事情。林可然先和吴恒提出了离婚的想法，吴恒对此同意，也同意将小吴的抚养权交给林可然。但是对于财产分割，双方的想法却有巨大的差距。

林可然和吴恒的共同财产有一套登记在吴恒名下位于西安市某区的A房屋，以及两人的存款、公积金、多年所缴的养老保险等。她希望这些财产都能够平均分割。可让她没想到的是，这在她看来非常公平的想法，却遭到了吴恒强烈的拒绝。两人就此协商了多次，都没能得到一个令双方都满意的结果。无奈之下，林可然最终委托律师诉至法院。

林可然的诉求如下：（1）请求与吴恒离婚；（2）婚生子小吴由自己抚养，吴恒每月支付抚养费2000元直至孩子独立生活为止；（3）请求依法分割夫妻共同财产：位于西安市某区的A房屋一套，及双方收入、名下存款、公积金、个人账户中已经缴纳的养老保险费等夫妻共同财产。

本案在审理过程中，吴恒对于林可然要求离婚和孩子抚养的诉请予以同意，但不同意分割上述财产，认为房屋登记在自己名下，贷款一直由自己偿还，房屋所有权应归自己，且公积金、养老保险等不属于夫妻共同财产，不应予以分割。

法院在经过审理后，查明本案所争议房屋是双方在婚后共同购买的，应认定为夫妻共同财产，在分割时基于照顾子女及女方权益的考虑，该房屋归林可然所有较为妥当。吴恒享有的份额由林可然给付相应的房屋价值补偿款。另外在律师申请调查令调查后得知，林可然和吴恒名下的存款、公积金账户余额还有19万余元，养老保险金账户中婚姻存续期间个人实际缴费金额也有6万余元。以上钱款按照法律均属夫妻共同财产，应该由林可然和吴恒各半予以分割。因此最终作出判决：（1）林可然和吴恒离婚；（2）小吴由林可然抚养，吴恒按月支付相应抚养费；（3）涉案西安市某区的A房屋归林可然所有，林可然向吴恒支付相应的房屋折价款；（4）双方名下的存款、公积金账户余额以及养老保险账户中个人实际缴费金额均平均分割，双方各享有一半。

案件结束后林可然彻底松了一口气，多年的婚姻困境在这一刻烟消云散，终于可以期待和孩子一起生活的新明天。

本案法律分析

本案的争议焦点为：（1）涉案房屋的所有权归属；（2）公积金、养老保险是否属于夫妻共同财产？对此，我们认为：

1. 涉案房屋为林可然和吴恒于婚姻关系存续期间共同购买，双方共同支付首付款，贷款也是由夫妻共同财产偿还。即使只登记在男方名下，该房屋依法仍属于夫妻共同财产。在分割时，应按照《民法典》第1087条的相关规定，“协议不成的，由人民法院根据财产的具体情况，按照照顾子女、女方和无过错方权益的原则判决”。

2.《最高人民法院关于适用〈中华人民共和国民法典〉婚姻家庭编的解释（一）》第25条规定：“婚姻关系存续期间，下列财产属于民法典第一千零六十二条规定的‘其他应当归共同所有的财产’：（一）一方以个人财产投资取得的收益；（二）男女双方实际取得或者应当取得的住房补贴、住房公积金；（三）男女双方实际取得或者应当取得的基本养老金、破产安置补偿费。”

住房公积金作为个人储蓄、单位资助、专项使用的具有长期储蓄功能的款项，属于工资的一部分，实际上就是个人平时收入的储备。因此在婚姻关系存续期间所得或者应得的住房公积金与住房补贴，也应当认定为夫妻共同财产。在离婚时，按共同财产进行分割。

而对于养老金而言，因其具有时间属性和身份属性，在离婚案件中，对养老保险金能否作为夫妻共同财产进行分割要从养老保险金的本质属性去把握。离婚时夫妻一方尚未退休、不符合领取养老保险金条件，另一方请求按照夫妻共同财产分割养老保险金的，人民法院不予支持；婚后以夫妻共同财产缴付养老保险费，离婚时一方主张将养老金账户中婚姻关系存续期间个人实际缴付部分作为夫妻共同财产分割的，人民法院应予支持。

在本案中，双方所争议的养老保险金是以夫妻共同财产进行缴付的，因此吴恒账户中婚姻关系存续期间个人实际缴付的金额也属于夫妻共同财产，应予以分割。

温馨提示

夫妻关系终结时，依法分割夫妻共同财产是法律赋予的权利。平时对于夫妻共同出资购买的不动产、动产以及相关的收入储蓄都是可以分割的，但是像本案中的住房公积金、养老金等作为对于某些人来说可能不甚了解的概念，其也是可以作为夫妻共同财产进行分割的。在此，律师提醒，如果夫妻关系无法继续存续，在双方进行离婚时，首先一定要清楚夫妻双方所拥有的共同财产都有哪些；其次再按照相关法律规定予以分割。

本案法律适用

《民法典》第 1062 条　夫妻在婚姻关系存续期间所得的下列财产，为夫妻的共同财产，归夫妻共同所有：

（一）工资、奖金、劳务报酬；

（二）生产、经营、投资的收益；

（三）知识产权的收益；

（四）继承或者受赠的财产，但是本法第一千零六十三条第三项规定的除外；

（五）其他应当归共同所有的财产。

夫妻对共同财产，有平等的处理权。

《民法典》第1087条 离婚时，夫妻的共同财产由双方协议处理；协议不成的，由人民法院根据财产的具体情况，按照照顾子女、女方和无过错方权益的原则判决。

对夫或者妻在家庭土地承包经营中享有的权益等，应当依法予以保护。

《最高人民法院关于适用〈中华人民共和国民法典〉婚姻家庭编的解释（一）》第25条 婚姻关系存续期间，下列财产属于民法典第一千零六十二条规定的“其他应当归共同所有的财产”：

（一）一方以个人财产投资取得的收益；

（二）男女双方实际取得或者应当取得的住房补贴、住房公积金；

（三）男女双方实际取得或者应当取得的基本养老金、破产安置补偿费。

《最高人民法院关于适用〈中华人民共和国民法典〉婚姻家庭编的解释（一）》第80条 离婚时夫妻一方尚未退休、不符合领取基本养老金条件，另一方请求按照夫妻共同财产分割基本养老金的，人民法院不予支持；婚后以夫妻共同财产缴纳基本养老保险费，离婚时一方主张将养老金账户中婚姻关系存续期间个人实际缴纳部分及利息作为夫妻共同财产分割的，人民法院应予支持。

第三节　一方过错情形

案例 20　女方遭受男方跟踪骚扰威胁等情形，离婚时能否申请人身安全保护令？

前　言

“家庭暴力”一直是全世界各国婚姻关系中普遍存在的问题，它的发生原因、表现形式、产生后果多种多样，被称为家庭生活中最有威胁的“杀手”。根据全国妇联的统计数据显示，我国有 30% 的已婚妇女曾经遭受过家庭暴力，这个数字实在令人心惊。为了应对这一现象，2016 年 3 月 1 日开始施行的《反家庭暴力法》中明确规定了一种民事强制措施——人身安全保护令。该强制措施作为家暴受害者的保护伞，对于妇女权益的保护具有重要意义。但在现实中，很多女性在婚姻中遭受类似困扰时并不知道相关法律的规定，或者不清楚具体相关规定应该如何运用。让我们跟随赵婷的案件，来看看在离婚案件中，当事人应如何运用人身安全保护令来维护自己的合法权益。

案件纪实

赵婷和吴华是再婚家庭。由于之前已经经历过一次失败的婚姻，因此赵婷对两人之间的感情很是珍惜。两人于 2019 年 2 月经人介绍相识，因为吴华谈吐风趣幽默，对自己又体贴入微，在他的猛烈追求下，两人于同年 5 月登记结婚。

可惜婚后不久，赵婷便发现自己和吴华在性格、生活态度、处理问题的方式上存在诸多不同，两人时常发生争吵。不仅如此，吴华脾气暴躁易怒，经常打砸家具，并以各种借口向赵婷索要钱款，赵婷找吴华沟通过几次，得到的却是对方变本加厉的对待。吴华的行为让赵婷感到格外恐惧，由于家中还有年迈的父母和幼小的孩子，赵婷十分担心家人的安全，也对这段婚姻关系心灰意冷，便于 2021 年 3 月向吴华提出了离婚。

赵婷提出离婚后，吴华虽然同意离婚，但让赵婷必须给其 5 万元补偿款。为了能够尽快摆脱这样的阴影，赵婷无奈同意，之后于 2021 年 2 月申请离婚登记时给付了吴华 5 万元。但让赵婷没有想到的是，由于 2021 年《民法典》开始适用，吴华在 30 天离婚冷静期届满后反悔，拒不配合赵婷办理正式离婚登记手续。更让赵婷气愤的是，吴华在此期间时常对赵婷进行威胁、骚扰、跟踪，不断地向赵婷发送带有恐吓性质的信息，堵在家门口不让赵婷正常出行，施行在门外进行砸门、吼叫等暴力行为，甚至经常到赵婷的单位门口进行蹲守，如此行为持续长达两个月的时间，赵婷两次报警，但吴华依旧我行我素，严重威胁到了赵婷的人身安全，给赵婷及家人带来了极大的精神压力，令家里的老人和孩子身心都备受折磨。同时由于赵婷是一名教师，吴华的行为严重干扰了赵婷的正常工作，赵婷为了维护学校的正常教学秩序，保护自己、家人和学生的人身安全，无奈之下寻找到律师，希望通过法律手段来维护自己的合法权益。

律师在接受委托后，发现吴华的行为符合《反家庭暴力法》中所规定的禁止家庭成员之间以殴打、捆绑、残害、限制人身自由以及经常性谩骂、恐吓等方式实施的身体、精神等侵害行为，同时根据《陕西省实施〈中华人民共和国反家庭暴力法〉办法》的规定，吴华的行为属于侮辱、诽谤、威胁、跟踪、骚扰的家暴范畴，使赵婷面临着遭受家庭暴力的现实危险。根据《反家庭暴力法》第23条，律师帮助赵婷向法院提起离婚诉讼的同时，向法院申请了人身安全保护令，要求禁止吴华跟踪、威胁、骚扰、接触赵婷及其亲属；禁止吴华接近、进入赵婷的工作单位。

法院在经过审理后，认为赵婷提供的证据中表明吴华的行为已严重违反了《民法典》《妇女权益保障法》《反家庭暴力法》的相关规定，赵婷的申请符合人身安全保护令的法定条件，且通过赵婷和吴华的聊天记录可知，吴华确有前往赵婷工作单位扰乱秩序的行为，赵婷工作单位是未成年人接受教育的场所，为保护赵婷教学工作正常有序，同时预防影响未成年人学习、生活的情形出现，最终裁定：

（1）禁止吴华对赵婷实施辱骂、殴打、暴力胁迫、威胁、跟踪等非法侵害行为。

（2）禁止吴华骚扰、跟踪、接触赵婷的亲属。

（3）禁止吴华接近、进入赵婷的工作单位。

赵婷的正常工作生活得到了法律的保障，吴华也因为这份人身安全保护令，停止了对赵婷长期的骚扰行为，在等待离婚案件开庭期间再无联系。

2021年7月，赵婷的离婚案件正式审理，随着时间的推移，双方的积怨已经逐渐淡化，最终双方顺利达成离婚调解并于当日领取了调解书。至此，赵婷这段不幸的婚姻告一段落，她终于走出了一段苦不堪言的失败婚姻，可以开启新的人生篇章。

本案法律分析

本案中，最令赵婷困扰和恐惧的无疑是吴华对其长期的暴力、跟踪以及骚扰行为。想要有效遏制该类行为，人身安全保护令制度无疑是一个有力的法律武器。

1. 人身安全保护令制度是指当事人若遭受家庭暴力或者面临家庭暴力的现实危险，即可向人民法院申请人身安全保护令。当事人因客观原因无法自行申请的，由受害人近亲属或其他相关组织代为申请。

2. 人身安全保护令在申请时须明确申请的具体内容，包括：（1）禁止被申请人实施家庭暴力；（2）禁止被申请人骚扰、跟踪、接触申请人及其相关近亲属；（3）责令被申请人迁出申请人住所；（4）保护申请人人身安全的其他措施。

3. 人民法院受理人身安全保护令的申请后，应当在72小时内作出人身安全保护令或者驳回申请；情况紧急的，应当在24小时内作出。人民法院作出人身安全保护令后，应当送达申请人、被申请人、公安机关以及居民委员会、村民委员会等有关组织。人身安全保护令由人民法院执行，公安机关以及居民委员会、村民委员会等应当协助执行，以最大限度地维护妇女儿童的权益。

温馨提示

由于人身安全保护令是一种强制措施，法院在作出裁定时对证据的审查要求较为严格，因此建议当事人在申请人身安全保护令时，要充分准备相关证据。比如遭受家暴的报警回执、出警记录、警方对施暴者的训诫书、受伤的病例、诊断证明、伤情照片，遭受威胁、跟踪的录音录像、聊天记录等，以便更好地维护自身的合法权益。

本案法律适用

《反家庭暴力法》第23条 当事人因遭受家庭暴力或者面临家庭暴力的现实危险，向人民法院申请人身安全保护令的，人民法院应当受理。

当事人是无民事行为能力人、限制民事行为能力人，或者因受到强制、威吓等原因无法申请人身安全保护令的，其近亲属、公安机关、妇女联合会、居民委员会、村民委员会、救助管理机构可以代为申请。

《反家庭暴力法》第24条 申请人身安全保护令应当以书面方式提出；书面申请确有困难的，可以口头申请，由人民法院记入笔录。

《反家庭暴力法》第25条 人身安全保护令案件由申请人或者被申请人居住地、家庭暴力发生地的基层人民法院管辖。

《反家庭暴力法》第26条 人身安全保护令由人民法院以裁定形式作出。

《反家庭暴力法》第27条 作出人身安全保护令，应当具备下列条件：（一）有明确的被申请人；（二）有具体的请求；（三）有遭受家庭暴力或者面临家庭暴力现实危险的情形。

《反家庭暴力法》第28条 人民法院受理申请后，应当在七十二小时内作出人身安全保护令或者驳回申请；情况紧急的，应当在二十四小时内作出。

《反家庭暴力法》第29条 人身安全保护令可以包括下列措施：（一）禁止被申请人实施家庭暴力；（二）禁止被申请人骚扰、跟踪、接触申请人及其相关近亲属；（三）责令被申请人迁出申请人住所；（四）保护申请人人身安全的其他措施。

《反家庭暴力法》第30条　人身安全保护令的有效期不超过六个月，自作出之日起生效。人身安全保护令失效前，人民法院可以根据申请人的申请撤销、变更或者延长。

《陕西省实施〈中华人民共和国反家庭暴力法〉办法》第2条　本办法所称家庭暴力，是指家庭成员之间以殴打、捆绑、残害、限制人身自由以及经常性谩骂、恐吓、侮辱、诽谤、威胁、跟踪、骚扰等方式实施的身体、精神等侵害行为。

《陕西省实施〈中华人民共和国反家庭暴力法〉办法》第30条　当事人因遭受家庭暴力或者面临家庭暴力现实危险的，可以依法向人民法院申请人身安全保护令。申请人身安全保护令不以造成实际损害结果为前提。

当事人是无民事行为能力人、限制民事行为能力人，或者因受到强制、威吓等原因无法申请人身安全保护令的，其近亲属、公安机关、妇女联合会、居民委员会、村民委员会、救助管理机构可以代为申请。

《民法典》第1077条　自婚姻登记机关收到离婚登记申请之日起三十日内，任何一方不愿意离婚的，可以向婚姻登记机关撤回离婚登记申请。

前款规定期限届满后三十日内，双方应当亲自到婚姻登记机关申请发给离婚证；未申请的，视为撤回离婚登记申请。

《民法典》第1080条　完成离婚登记，或者离婚判决书、调解书生效，即解除婚姻关系。

案例21 一方婚内出轨，另一方如何维权？

前 言

近年来，我国离婚率不断攀高，其中因“婚外恋”导致夫妻离婚的比例越来越高，婚内出轨俨然成为破坏夫妻感情的主要因素。夫妻间有忠实义务，如果一方婚内出轨，对另一方的打击和伤害不言而喻。那么如果婚内一方出轨，可以要求出轨方净身出户吗？另一方可以主张赔偿吗？夫妻之间在婚内签订的“忠诚协议”具备法律效力吗？让我们跟随李成的案件，一起来看看。

案件纪实

2008年5月，李成和刘秀二人在朋友的介绍下认识。两人一见钟情，迅速坠入爱河。2009年12月，两人登记结婚并在亲朋的见证下举行了盛大的婚礼。婚后两人亲密无间，一时间成了模范夫妻。2013年2月，两人收获了爱情的结晶——李雅茹。有了千金的李成更加努力，每天早出晚归地为他们的小家庭打拼。刘秀看着丈夫如此辛苦，自然也是心疼不已。每天在家相夫教子，就是为了让李成在外打拼没有后顾之忧。

原本以为，这是一段足可以媲美影视剧般的美好家庭。可是，他们看似美满的婚姻竟然也出现了危机。2019年某日，在家休息的李成不经意间发现妻子刘秀与别的男子在手机上互相发送暧昧信息。李成一想到自己在外边为了家庭拼死拼活，妻子竟然背叛自己就十分生气。于是乎，李成便质问自己的妻子为何要出轨。可是刘秀在听到李成对自己的质问后不仅没有惊讶，反而十分平静，这让李成十分不解。刘秀向丈夫解释道："他只是我的一个老同学，我们两人之间根本不是你想的那样"，"我每天在家忙死忙活的，你竟然怀疑我"，"你每天那么晚回来，我还要怀疑你在外边胡搞呢。"李成被妻子的这一系列说法弄得措手不及，感到十分懊悔，自己怎能怀疑妻子。李成看着生气的妻子非常自责，于是他为了让妻子高兴便向妻子说道："我们不如签个协议，如果谁背叛对方，那就净身出户"，"我要是在外边胡来，咱们家的车、房、存款我一分都不要。"于是，在李成的提议下夫妻二人便签订了所谓的"夫妻忠诚协议"。

签订了"夫妻忠诚协议"的李成自认为已经给婚姻上了一把铁锁，不管什么情况都不会出岔子。他把自己的所有收入都交给老婆用于家庭的日常开支。可是在2022年6月，李成无意间发现妻子刘秀竟然真的同他人发生了关系。李成一怒之下与妻子大吵了一架，他告诉妻子如果继续这样，就和她离婚，并且根据"夫妻忠诚协议"，她得净身出户。没想到妻子却反驳道："那个协议，法律根本就不认，离婚就离婚，该我的一分也不能少。"吵完架后，妻子便离家出走。那段时间，李成一直陷入深深的痛苦中。他觉得自己为这个家付出那么多，妻子竟然做出如此不齿行为。在经过深思熟虑之后，李成决定聘请律师起诉离婚，让背叛他的妻子净身出户。

该案起诉到法院后，在诉前调解阶段，调解员就对双方进行了调解。刘秀在调解过程中面对李成拿出的种种证据，承认了自己的出轨行为，但是她认为忠诚协议不具有法律效力，自己不应净身出户。李成原本想通过诉讼程序主张自己的权益，但没想到在诉讼阶段自己家人的身体出现健康问题，为了尽快解决离婚事宜，李成最终委托律师同刘秀进行协商。

在律师准备充分的证据面前，刘秀最终同意与李成协议离婚，孩子抚养权归李成，夫妻共同财产按照三七分，由李成占有共同财产70%的份额。这对曾经的模范夫妻，终究在人生的十字路口，选择了相反的方向。

本案法律分析

本案是典型的一方婚内出轨，另一方试图通过法律途径维护自己的合法权益的离婚案件。但是在我们日常的生活中，对于此类情况，有以下问题值得我们商榷和注意：一方出轨，另一方如何维权？是否能够要求出轨一方净身出户？另一方如何要求合理赔偿？常见的“夫妻忠诚协议”是否具备法律效力？

对此，我们结合法律规定和实践经验，为大家作以下总结：

1. 如果婚内一方出轨，可以要求他净身出户吗？

婚姻关系中一方有外遇出轨，属于违反《民法典》规定的夫妻忠诚义务，属过错方。我国《民法典》第1092条规定：夫妻一方隐藏、转移、变卖、毁损、挥霍夫妻共同财产，或者伪造夫妻共同债务企图侵占另一方财产的，在离婚分割夫妻共同财产时，对该方可以少分或者不分。离婚后，另一方发现有上述行为的，可以向人民法院提起诉讼，请求再次分割夫妻共同财产。注意，仅仅只是“可以”少分或不分，就是说也可不这么分，甚至多分也不违反法律规定，由此可以看出，出轨与财产分割没有法律上的必然联系。

在本案中，虽然刘秀在二人婚姻关系存续期间多次出轨，同时二人曾在婚内签订“夫妻忠诚协议”。但是该协议与夫妻财产约定协议不相同。夫妻财产约定协议约定的只能是财产，而不是财产之外的具有人身属性的权利，比如，约定不得离婚或者不得出轨、不得使用家庭暴力等，这些都是无效或者不属于夫妻财产协议能够约定的范围。如果约定以出轨一方净身出户为条件，就不是真正的夫妻财产约定协议，因此得不到法律的保护。

因为现在的法律还没有净身出户的相关规定，同时情感问题难以明确衡量，对此进行约定且后期试图通过诉讼等其他形式来解决问题有违预防纠纷、减少诉讼的理念。所以说对于类似婚内一方出轨的案例，在法律上是无法真正要求其净身出户的。

2. 如果婚内一方出轨，另一方可以主张赔偿吗？

婚姻关系的存续应以感情为基础；如感情确已破裂，调解无效，则应准予离婚。婚姻关系存续期间一方多次出轨，不仅违反夫妻忠实义务，而且有违道德准则，无过错方的精神上承受着感情不忠的负担和压力，其主张损害赔偿于法有据，人民法院应予支持。根据《民法典》第1091条的规定："有下列情形之一，导致离婚的，无过错方有权请求损害赔偿：（一）重婚；（二）与他人同居；（三）实施家庭暴力；（四）虐待、遗弃家庭成员；（五）有其他重大过错。"

在本案中，刘秀在婚内有多次出轨行为。刘秀在自己的出轨行为被丈夫发现以后依旧屡教不改，严重伤害了丈夫对于家庭付出的情感。使丈夫在身体和心灵上都遭受巨大的痛苦和摧残。如此行为，明显已经构成上述法条所规定的重大过错，所以李成有权请求刘秀支付相应的赔偿。

特别提示：在具体司法实务中，对于婚姻关系存续期间一方存在的婚内出轨行为，在后期二人离婚时是否可以认定为《民法典》第1091条中所规定的"有其他重大过错"还需要司法机关进行更为细致的审查。故此案的事实审查结果并不作为统一的实务结果参考。

本案法律适用

《民法典》第1043条 家庭应当树立优良家风，弘扬家庭美德，重视家庭文明建设。

夫妻应当互相忠实，互相尊重，互相关爱；家庭成员应当敬老爱幼，互相帮助，维护平等、和睦、文明的婚姻家庭关系。

《民法典》第1079条 夫妻一方要求离婚的，可以由有关组织进行调解或者直接向人民法院提起离婚诉讼。

人民法院审理离婚案件，应当进行调解；如果感情确已破裂，调解无效的，应当准予离婚。

有下列情形之一，调解无效的，应当准予离婚：

（一）重婚或者与他人同居；

（二）实施家庭暴力或者虐待、遗弃家庭成员；

（三）有赌博、吸毒等恶习屡教不改；

（四）因感情不和分居满二年；

（五）其他导致夫妻感情破裂的情形。

一方被宣告失踪，另一方提起离婚诉讼的，应当准予离婚。

经人民法院判决不准离婚后，双方又分居满一年，一方再次提起离婚诉讼的，应当准予离婚。

《民法典》第1087条 离婚时，夫妻的共同财产由双方协议处理；协议不成的，由人民法院根据财产的具体情况，按照照顾子女、女方和无过错方权益的原则判决。

对夫或者妻在家庭土地承包经营中享有的权益等，应当依法予以保护。

《民法典》第1091条 有下列情形之一，导致离婚的，无过错方有权请求损害赔偿：

（一）重婚；

（二）与他人同居；

（三）实施家庭暴力；

（四）虐待、遗弃家庭成员；

（五）有其他重大过错。

《民法典》第1092条　夫妻一方隐藏、转移、变卖、毁损、挥霍夫妻共同财产，或者伪造夫妻共同债务企图侵占另一方财产的，在离婚分割夫妻共同财产时，对该方可以少分或者不分。离婚后，另一方发现有上述行为的，可以向人民法院提起诉讼，请求再次分割夫妻共同财产。

案例22　被“第三者”恶意侵犯名誉权，该如何维权？

前　言

公民的名誉主要是对公民的能力、品行、作风、思想、才干等方面的社会评价，而名誉权是指公民或法人对自己在社会生活中所获得的社会评价即自己的名誉，依法所享有的不可侵犯的权利。由此可见，名誉对于任何一个人来说都是十分重要的，名誉的存在是任何一个人在现代社会生存的必要条件。但是，如果自己视若珍宝的名誉权被别人故意、无端甚至是恶意践踏，自己该如何维权呢？对自己名誉造成的损害可以要求赔偿吗？同时，侮辱和我们经常谈及的诽谤又有什么区别？让我们跟随王伊的案例，来探寻上述问题的解决之道。

案件纪实

王伊和韩永利两人是大学同学，后来两人又一起考上了研究生，最后一起留校成为令人羡慕的高校教师。2012 年，这二人在他们共同留校任教的第二年便步入了婚姻的殿堂。两人自此每日形影不离，举案齐眉，一时间引来了诸多人的艳羡。结婚三年后，两人拥有了一个乖巧可爱的“小公主”。本就令人羡慕的幸福家庭又多了一个可爱的宝贝，大家一时间更加羡慕他们了。

王伊曾认为她是世界上最幸福的女人。可是突如其来的一系列事情让她自己无法再成为别人眼里最幸福的人。从 2021 年 7 月开始，王伊开始频繁地收到自称叫谭彩的女士发送的一些充斥着大量侮辱性语言和恐吓用语的短信、电话。开始她还以为这是别人的恶作剧发错人了。可是有一天，电话那头的谭彩居然告诉她，自己和王伊的丈夫存在不正当的男女关系。听到这些的那一刻，王伊感觉自己的天好像塌了。与此同时，对方还在一而再再而三地打电话骚扰自己，肆意诽谤、宣扬自己的个人隐私。王伊实在无法忍受这样的侮辱，在巨大的精神压力下，她患上了轻度抑郁症。本以为自己这样就能够使谭彩满意了，可是谁曾想，谭彩不但没有收敛，反而变本加厉。谭彩伙同其帮手苏明铭继续向王伊及王伊的父母家人发送有关侮辱、涉及个人隐私的骚扰短信，致使王伊的生活受到了巨大的困扰。

2022 年 11 月，王伊发现自己就职的单位及住所外被人张贴了数张侮辱诽谤自己的大字报，且这些大字报包含大量淫秽用语和侮辱性语言。一时间，单位及小区的亲友、邻居、领导同事对自己及家人指指点点、议论纷纷，严重影响了王伊及自己家人的正常生活。王伊实在无法忍受便向就近的公安机关进行了报案。王伊以为自己报警处理后能够继续自己的安生日子。可是没想到，第二天王伊在自家住所外发现一男子（苏明铭）上门对自己进行挑衅、恐吓，且无故在自家门口逗留、围堵，严重威胁到了自己和家人的生命财产安全。于是，王伊再次报警。警方认定该男子对王伊构成侮辱、诽谤，依法对苏明铭处以行政拘留十日的处罚。

虽说苏明铭已被警方缉拿归案，但是此事对王伊及其家人造成的恶劣影响却未消除。为了维护自己的合法权益，2022 年 12 月，王伊向人民法院起诉谭彩、苏明铭二人。要求二人消除对自己造成的恶劣影响并公开道歉以及赔偿精神抚慰金等。

由于案件涉及原告个人隐私，法院采取不公开开庭审理。在案件审理过程中，对于原告王伊提出的被告一谭彩指使其同伙苏明铭对自己进行侮辱、诽谤行为，谭彩辩称王伊的说法并没有事实依据，且自己并未参与张贴大字报的行为，且王伊也没有直接证据证明自己向她发送了侮辱性短信等，故对上述指控不予承认。同时，被告二苏明铭也辩称自己虽然有张贴大字报的行为，但是自己及时停止了侵权行为，且同意向原告赔礼道歉；而对于原告提交的相关证据无法证明自己向原告发送过不良内容的短信，故自己对于原告主张的精神抚慰金不予认可。

法院经审理认定：民事主体享有名誉权。任何组织和个人不得以侮辱、诽谤等方式侵害他人的名誉权。被告二苏明铭的确存在张贴大字报、散布谣言、侮辱、诽谤原告名誉，使不明真相的社会公众对原告的社会评价降低，被告二苏明铭的行为已严重侵犯了原告王伊的名誉权。同时，苏明铭在与王伊素不相识的情况下，严重侵害他人的合法民事权益。故法院对原告诉请的停止侵权、消除影响、恢复名誉并赔礼道歉予以支持。但对于原告所提交的相关证据无法证明被告一谭彩在此次事件中对于王伊有相关的侵权行为，故法院对原告的陈述意见不予采信。

最终法院判决：被告苏明铭向王伊公开赔礼道歉；被告苏明铭向原告王伊支付精神抚慰金20,000元。

本案法律分析

本案是典型的一方婚内出轨，“第三者”侮辱诽谤另一方致使另一方的名誉权严重受损的情况。这种情况在近年来屡见不鲜。但是在实践中被侵权一方往往不知道如何维护自己的合法权益，不知道是否能够主张相应的精神抚慰金，且对于侵犯名誉权中存在的侮辱和诽谤等行为无法正确区分，由此便产生一系列苦恼和困扰。

对此，我们结合法律规定和实践经验，为大家作以下总结：

1. 名誉受辱，该如何维权呢？

名誉权是自然人在社会交往中受到的有关其品行、道德状况、才能智慧等方面的公开评价。名誉负载社会整体对该主体的总体评价，因此具有表彰人格尊严的价值。《民法典》第1024条第1款规定：“民事主体享有名誉权。任何组织或者个人不得以侮辱、诽谤等方式侵害他人的名誉权。”

本案中，原告与二被告素不相识，二被告却制作含有“勾引”“骗财骗情”“婊子”“人尽可夫”等粗鄙污秽的文字来侮辱原告，明显会让浏览过该“大字报”的群众，对原告的品行、道德、信用等各方面的评价降低，严重干扰原告的正常生活，致使原告精神遭受巨大创伤，使其不敢上班、出门。二被告的行为已严重侵害原告的名誉，应当依据《民法典》第995条的规定，即“人格权受到侵害的，受害人有权依照本法和其他法律的规定请求行为人承担民事责任”，判令二被告立即停止侵犯原告名誉权，停止对原告短信骚扰、语言侮辱，停止对原告及其家人短信辱骂、宣扬隐私，并依法判令二被告书面向原告赔礼道歉，并在影响范围内公开向原告道歉，消除恶劣影响。

而对于构成侵权行为一般需满足四要件：主观过错、侵权行为、损害后果、侵权行为与损害结果之间的因果关系。从本案中的实际情况分析，王伊需要证明谭彩和苏明铭因主观过错实施了侵权行为，且该侵权行为导致了王伊的社会评价显著降低，或者给王伊造成了其他损害后果。同时，对于谭彩和苏明铭的这些行为，王伊可以向相关人民法院起诉该二人。根据《民事诉讼法》第 29 条的规定，“因侵权行为提起的诉讼，由侵权行为地或者被告住所地人民法院管辖”，王伊可向自己住所地（侵权结果发生地）或者谭彩或苏明铭住所地（被告住所地）的人民法院提起诉讼来维护自己的合法权益。

2. 名誉权受损，可以要求赔偿吗？

名誉权本身不是财产，不具有可以交换的经济利益，但由于此种权利直接关系公民和法人财产权的取得和丧失，因此侵害名誉权也会影响公民和法人的财产权益。另外，受害人恢复名誉而产生的费用和支出，也属于财产损害的范围。

在本案中，被告一谭彩在原告王伊与其丈夫韩永利的婚姻关系存续期间保持不正当的男女关系并且不断向原告和其家人发送包含大量淫秽用语和侮辱性语言的短信、电话。行为性质恶劣，主观侵权的恶意非常明显，违背了我国的社会伦理道德和善良的公序良俗，给原告及原告家人在精神上、生理上带来了极大的痛苦。原告因此罹患抑郁症，至今仍在接受治疗。被告二苏明铭采取骚扰原告、到原告住所、单位张贴“大字报”的违法行为侮辱、贬低原告人格。原告在高校工作，被告二苏明铭发表的侮辱性言论显然会给原告造成行业信用、声望、品德、才能多方面维度评价的降低，致使原告单位领导对原告产生了负面认知，给原告造成了不可估量的影响。且被告二苏明铭多次前往原告住所门口，对原告进行威胁、围堵，原告家中还有年幼的孩童和年迈的老人，被告二的行为严重威胁到原告及家人的人身安全，令申请人精神十分恐惧，不敢触碰任何电子产品，不敢使用自己的手机，也不敢正常出门上班，已经无法正常生活。同时根据《民法典》第 1183 条第 1 款的规定："侵害自然人人身权益造成严重精神损害的，被侵权人有权请求精神损害赔偿。"二被告的行为严重侵害原告的合法权益，造成原告精神损害，应当依法承担一定金额的精神损害赔偿。

所以，在自己的名誉权受到侵犯的时候，是完全可以要求侵害人承担相应的精神损害赔偿的。

3. 侮辱和诽谤的区别？

侮辱罪，是指以暴力或者其他方法公然侮辱他人，情节严重的行为。侮辱的方法可以是暴力，也可以是暴力以外的其他方法。而诽谤罪，是指故意捏造事实，公然损害他人人格和名誉，情节严重的行为。"捏造事实"，就是无中生有，凭空制造虚假的事实。诽谤除捏造事实外还要将该捏造的事实进行散播，散播包括口头和书面两种方式。

二者区别：

这两种犯罪所侵犯的客体，都是他人的人格和名誉。不同之处主要在于：

（1）侮辱不是用捏造的方式进行，而诽谤则必须是捏造事实；

（2）侮辱含暴力侮辱行为，而诽谤则不使用暴力手段；

（3）侮辱往往是当着被害人的面进行的，诽谤则是当众或者向第三者散布的。

本案法律适用

《民法典》第110条　自然人享有生命权、身体权、健康权、姓名权、肖像权、名誉权、荣誉权、隐私权、婚姻自主权等权利。

法人、非法人组织享有名称权、名誉权和荣誉权。

《民法典》第990条　人格权是民事主体享有的生命权、身体权、健康权、姓名权、名称权、肖像权、名誉权、荣誉权、隐私权等权利。

除前款规定的人格权外，自然人享有基于人身自由、人格尊严产生的其他人格权益。

《民法典》第991条　民事主体的人格权受法律保护，任何组织或者个人不得侵害。

《民法典》第995条　人格权受到侵害的，受害人有权依照本法和其他法律的规定请求行为人承担民事责任。受害人的停止侵害、排除妨碍、消除危险、消除影响、恢复名誉、赔礼道歉请求权，不适用诉讼时效的规定。

《民法典》第1000条　行为人因侵害人格权承担消除影响、恢复名誉、赔礼道歉等民事责任的，应当与行为的具体方式和造成的影响范围相当。

行为人拒不承担前款规定的民事责任的，人民法院可以采取在报刊、网络等媒体上发布公告或者公布生效裁判文书等方式执行，产生的费用由行为人负担。

《民法典》第1010条　违背他人意愿，以言语、文字、图像、肢体行为等方式对他人实施性骚扰的，受害人有权依法请求行为人承担民事责任。

机关、企业、学校等单位应当采取合理的预防、受理投诉、调查处置等措施，防止和制止利用职权、从属关系等实施性骚扰。

《民法典》第1024条 民事主体享有名誉权。任何组织或者个人不得以侮辱、诽谤等方式侵害他人的名誉权。

名誉是对民事主体的品德、声望、才能、信用等的社会评价。

《民法典》第1165条 行为人因过错侵害他人民事权益造成损害的，应当承担侵权责任。

依照法律规定推定行为人有过错，其不能证明自己没有过错的，应当承担侵权责任。

《民法典》第1183条 侵害自然人人身权益造成严重精神损害的，被侵权人有权请求精神损害赔偿。

因故意或者重大过失侵害自然人具有人身意义的特定物造成严重精神损害的，被侵权人有权请求精神损害赔偿。

《民事诉讼法》第29条 因侵权行为提起的诉讼，由侵权行为地或者被告住所地人民法院管辖。

《刑法》第246条 以暴力或者其他方法公然侮辱他人或者捏造事实诽谤他人，情节严重的，处三年以下有期徒刑、拘役、管制或者剥夺政治权利。

前款罪，告诉的才处理，但是严重危害社会秩序和国家利益的除外。

通过信息网络实施第一款规定的行为，被害人向人民法院告诉，但提供证据确有困难的，人民法院可以要求公安机关提供协助。

案例23 妻子身患重病，丈夫却起诉离婚，妻子该如何维权？

前 言

舒婷在《致橡树》中有很多名句都写到了夫妻关系，夫妻本应当恩爱，应当有福同享、有难同当，而当下的许多夫妻关系却远不如诗歌中所描述的那般美好。我国法律明确规定夫妻之间有相互扶养的义务，但是现实生活中往往有一方婚后患有重病，另一方却知难而退的情形出现。那么此时，患病一方该如何维护自身权益？让我们跟随朱珠的案件，一起来看看。

案件纪实

朱珠与陶然在大学期间相识，两个人都系农村家庭出身，彼此有着不少的共同语言，认识没多久就确立了恋爱关系，大学毕业后就在亲朋好友的祝福下步入了婚姻的殿堂。

婚后初期两个人感情很好，朱珠还将户口迁入了陶然所在村组，与陶然在村里共同经营着一个小商品店，收入足够他们安安稳稳地生活。朱珠对自己的生活非常满意，她努力经营着自己的小家，唯一的愿望就是早点和陶然生个健康的孩子，一家三口能幸福地生活在一起。可是朱珠没有想到，自己这样简单的愿望终究走向了破灭。2020年5月，在和陶然结婚三年后，朱珠在一次体检中，被诊断出患有乳腺癌。

平静的生活就这样被打破。朱珠原本的幸福生活随着那份冰冷的诊断证明书如泡沫般消散。自从朱珠被确诊后，陶然的态度就截然改变，他不但没有关怀照顾朱珠，还经常与朱珠冷战，并且经常夜不归宿，对朱珠不闻不问，双方经常发生争吵。朱珠在身患重病的情况下还要长期忍受陶然的冷暴力，精神万分崩溃。朱珠于2021年1月搬回娘家居住生活，原本恩爱的夫妻就这样分居两地。

2021年6月，在朱珠搬出家中5个月后，她收到了法院的传票，原来陶然已经一纸诉状将她告上了法庭，不仅要求与她离婚，还要朱珠向他返还2018年村子拆迁时朱珠个人享有的拆迁安置款。

在拿到诉状的那一刻，朱珠已经对这段婚姻失去了全部的希望，多年感情就此破裂。为了能够更好地维护自身合法权益，朱珠找到了律师，希望能够通过法律的手段维护自己的合法权益。在了解案情后，律师指出，朱珠和陶然的拆迁安置款由于涉及其他家庭成员，离婚诉讼无法一并进行处理，对于陶然的该项请求可以主张法院驳回，另案处理。为减轻当事人的负担，律师专门与法官提前进行沟通，说明了案件情况，只要求离婚和分割夫妻共同财产，并恳请法院尽快为朱珠安排开庭，其患病的身体急需钱款进行治疗。

法院鉴于朱珠的身体情况，很快就安排了开庭。庭审中，律师提出婚姻的内涵不仅是感情还应当包含责任，妻子患病，陶然作为丈夫理应关心爱护妻子，陶然即使认为夫妻感情已破裂，无法共同生活，其亦应尽到相互扶养义务，妥善安排好朱珠离婚后的生活或给予经济帮助，而不应将自身责任转移给朱珠的父母，在分居后对朱珠不管不问，无任何关心照顾举措，给朱珠及其家庭精神上造成极大的伤害。现在陶然起诉离婚，朱珠也同意离婚，但是应根据《民法典》第1087条之规定，应当按照照顾子女、女方和无过错方的原则判决，分割夫妻共同财产时应对朱珠予以适当照顾。

陶然表示，双方感情确已破裂，但自己也竭力尽到了抚养义务，为了给朱珠看病，自己开车跑运输，运输车还一度发生严重事故，现在损失惨重，对此朱珠也应当承担一定的损失。

这项请求完全无法得到朱珠和律师的认可，本着当事人利益最大化的原则，律师向陶然表达了多年来朱珠为家庭的付出，对陶然的呵护，现在朱珠生了病，陶然本应尽到足够的照顾义务，但是朱珠愿意自己承担这一切，只为了和陶然好聚好散。

在律师和法官的劝解下，陶然也表达了自己对朱珠的愧疚和自己工作的不容易。这对曾经的伴侣终于在法庭上握手言和，达成以下调解协议：

（1）朱珠与陶然离婚。

（2）陶然一次性向朱珠支付车辆折价款7000元（当庭履行）。陶然的损失自行承担。

对这样的结果，朱珠表示十分满意。她一直相信“一日夫妻百日恩”，夫妻双方不仅在感情上要相互忠诚，在生活上更要相互扶持、相互依靠。虽然她和陶然最终没有像诗歌里那样拥有完美的结局，但是她依旧相信爱情，相信只有坚守对彼此的承诺，婚姻之花才能绽放如新，幸福婚姻才能伴随一生。

本案法律分析

夫妻本是同林鸟，但我们的法律决不允许大难临头各自飞。那么如果婚内一方患病，另一方有哪些义务需要承担呢？

一、经济帮助义务

《民法典》规定了离婚救济的三大制度，分别是家务劳动补偿制度、离婚经济帮助制度和离婚损害赔偿制度。离婚经济帮助制度是指离婚时，如果一方生活困难，有负担能力的另一方应当给予适当帮助。具体办法由双方协议；协议不成的，由人民法院判决。

离婚经济帮助制度原本是考虑到由于男女两性在婚姻家庭分工中角色的不同，婚姻关系中经常会出现一方的经济地位弱于另一方，处于较弱经济地位的一方通常为女性，该制度可避免离婚后的女性及其所抚养子女因离婚而陷入贫困化。离婚时的夫妻经济扶助制度，是我国婚姻立法保护妇女、儿童合法权益原则的重要体现。同时，在出现一方患有重大疾病需要治疗而生活困难的，该制度也可以起到保护患病方的合法权益、避免另一方逃避责任的作用。

二、夫妻间的抚养义务

婚姻关系存续期间，夫妻双方互负扶养义务。一方需要扶养时，另一方应当支付扶养费。需要扶养是指一方的就业或谋生能力暂时或较长时间丧失致使其没有生活来源或无独立生活能力，或者是因患病、年老等原因不能维持正常生活水平。

夫妻间的扶养既是权利又是义务，夫妻双方的扶养义务和扶养的权利是对等的、相互的。夫妻一方丧失劳动力能力或生活困难，有扶养能力一方应当自觉承担这一义务，有扶养能力一方如果拒不承担义务，需要扶养的一方有要求对方付给扶养费的权利。对年老、患病或由于其他原因丧失独立生活能力的配偶，拒不履行扶养义务，情节恶劣，后果严重，构成遗弃罪的，应当追究刑事责任。夫妻互负扶养义务，对保障夫妻正常生活，加强夫妻间的关系和责任，具有重要意义。

本案法律适用

《民法典》第 1043 条　家庭应当树立优良家风，弘扬家庭美德，重视家庭文明建设。

夫妻应当互相忠实，互相尊重，互相关爱；家庭成员应当敬老爱幼，互相帮助，维护平等、和睦、文明的婚姻家庭关系。

《民法典》第 1059 条　夫妻有相互扶养的义务。需要扶养的一方，在另一方不履行扶养义务时，有要求其给付扶养费的权利。

《民法典》第 1062 条　夫妻在婚姻关系存续期间所得的下列财产，为夫妻的共同财产，归夫妻共同所有：

（一）工资、奖金、劳务报酬；

（二）生产、经营、投资的收益；

（三）知识产权的收益；

（四）继承或者受赠的财产，但是本法第一千零六十三条第三项规定的除外；

（五）其他应当归共同所有的财产。

夫妻对共同财产，有平等的处理权。

《民法典》第 1063 条　下列财产为夫妻一方的个人财产：

（一）一方的婚前财产；

（二）一方因受到人身损害获得的赔偿或者补偿；

（三）遗嘱或者赠与合同中确定只归一方的财产；

（四）一方专用的生活用品；

（五）其他应当归一方的财产。

《民法典》第 1087 条第 1 款　离婚时，夫妻的共同财产由双方协议处理；协议不成的，由人民法院根据财产的具体情况，按照照顾子女、女方和无过错方权益的原则判决。

案例 24 男方婚内出轨并与他人育有一子，女方该如何用法律武器维护自己的合法权益?

前言

我国《民法典》规定：夫妻之间应当互相忠实，互相尊重；家庭成员间应当敬老爱幼，互相帮助，维护平等、和睦、文明的婚姻家庭关系。对于夫妻关系来说，最重要的莫过于互相的忠诚。但是在离婚案件中，经常会出现夫妻一方婚内出轨的情形，给另一方造成了严重的伤害，《民法典》实施后，更注重保护婚内无过错方的利益。那么如果婚内一方出轨，另一方该如何用法律武器维护自己的合法权益？让我们跟随宋金梅的案例，来看看这类案件的解决方式。

案件纪实

宋金梅一直将家庭作为自己的生活重心。她和丈夫徐强在 1997 年就认识了，双方家庭都很满意，两人便在 1998 年 2 月登记结婚。婚后夫妻俩齐心协力，将日子过得红红火火，还在 1999 年 9 月共同孕育了一个孩子，取名小浩。有了孩子之后，宋金梅为了更好地照顾孩子而辞掉工作，专心在家里当全职太太。丈夫徐强也很有能力，在外做生意积攒了不少钱，两人接连在西安买了三套房屋，成了身边人人羡慕的一对。

为了让徐强安心在外工作，宋金梅将自己全部的心血都投入到了家里，她全心全意地照顾着老人和孩子，操持着家中的大小事务，几乎没有个人生活。在她忙碌的同时，徐强也开始因为工作原因长期出差，夫妻俩聚少离多。2010 年前后，徐强更是以工作为由搬出家中长期在外居住，夫妻俩彻底分居。宋金梅对于徐强的做法很不理解，但也只当徐强是工作压力太大，她依旧尽心尽责地照顾好自己的小家，期待着徐强回归家庭的那刻。却不想，这一等，竟等来了法院的传票。

2016 年起，徐强以夫妻感情破裂为由，连续两年向法院起诉离婚。徐强的这一行为严重伤害了宋金梅的感情，但由于那时婚生子小浩还没有成年，宋金梅为了维护家庭的和谐和孩子的健康成长，拒绝同徐强离婚，法院也先后两次判决驳回了徐强的诉讼请求。2020 年 7 月，徐强第三次向法院起诉离婚。宋金梅在尝试同徐强沟通调解时，却意外发现徐强在西安市某区同婚外异性杨小姐长期共同生活并育有一子，如今私生子都已经上小学了。

这样的事实给宋金梅造成了巨大的打击，宋金梅当即选择报警。2020 年 12 月，西安市某公安局分局对徐强进行了重婚罪的立案侦查。之后徐强尝试同宋金梅沟通，并撤回了自己第三次的离婚诉讼。但宋金梅认为徐强的行为已经严重伤害了自己的感情，她无论如何不能原谅徐强的所作所为。便于 2021 年 3 月主动起诉离婚，要求依法分割夫妻共同财产并要求徐强支付离婚损害赔偿金。

该案在立案后，宋金梅却突然收到了另一法院的传票，原来徐强在婚内曾向第三人借款 200 万元未予偿还，第三人在此期间将徐强和宋金梅一并诉至法院，要求他们共同承担该债务及相应的利息。

由于宋金梅对该笔借款并不知情，该借款也并未用于夫妻共同生活。因此在得知此情况后，律师迅速向该法院递交了管辖权异议申请书和情况说明，认为该笔债务不属于夫妻共同债务，不应由宋金梅偿还。在经过同法院的多次沟通后，最终该第三人撤回了对宋金梅的起诉，和徐强单独达成了调解书，约定由徐强偿还该笔债务及相应的利息。

由于在该调解书生效时，徐强和宋金梅的婚姻关系尚在存续状态，为避免之后第三人申请强制执行损害宋金梅的财产利益，在律师的多方协调下，加快了离婚诉讼的进程，使该案迅速进入了庭审阶段。庭审时，徐强同意离婚，也同意分割婚内共同财产，但是认为自己不存在婚内与他人同居的事实，与婚外异性杨小姐其实是一夜情关系，之后意外有了孩子，之后的来往也是基于孩子的关系，双方并未同居，因此不同意向宋金梅给付10万元精神损害赔偿。

律师认为，徐强婚内出轨且生子的行为已经构成婚内过错方，在分割财产时应当照顾无过错方宋金梅的权益，对宋金梅予以多分。同时由于徐强的过错行为导致双方离婚，其应当按照法律规定向宋金梅支付离婚损害赔偿金。

本案在法院经过审理后，认可了律师意见，认为婚姻关系的存续应以夫妻感情为基础，宋金梅和徐强婚后本应相互扶持，彼此照顾，但双方未能维护好婚姻生活，致使夫妻感情彻底破裂，因此对于宋金梅的离婚诉求，予以支持，对于夫妻共同财产的分割：涉案的三套房屋均属于夫妻共同财产，经双方议价该财产共计约1000万元。由于徐强在双方婚姻关系存续期间存在过错，因此根据《民法典》第1087条的规定，宋金梅应分得夫妻共同财产的70%，共计700万元，徐强分得价值300万元的财产。

对于宋金梅要求徐强支付损害赔偿金的请求，鉴于徐强认可双方婚姻关系存续期间与他人育有一子的事实，该行为影响了其与宋金梅的夫妻感情，亦对宋金梅精神造成了一定的伤害，故根据《民法典》第1091条的规定，对于宋金梅要求徐强支付的赔偿金10万元的请求，依法予以支持。

同时对于另一法院调解书所涉的200万元债务，因徐强未提供证据表明该债务为夫妻共同债务，因此该债务及相应利息由其个人自行承担。

综上所述，法院最终判决：

（1）宋金梅与徐强离婚；

（2）案涉A、B两套房屋归宋金梅所有，案涉C房屋（价值320万元）归徐强所有，徐强向宋金梅支付人民币20万元；

（3）徐强向宋金梅支付损害赔偿金人民币10万元；

（4）另一法院调解书所涉200万元债务及利息均由徐强自行承担。

至此，该案件终于尘埃落定。宋金梅很满意案件结果，不仅与徐强正式离婚，同时分得了大部分的财产，也没有被徐强的个人债务所牵连，真正保全了自己的财产利益。更重要的是，多年来独自承担家庭的辛酸及丈夫出轨并于婚外生育孩子的委屈，均在法律的公平正义下得到了应有的补偿！

本案法律分析

本案的争议焦点为：（1）双方的夫妻共同财产应如何分割？（2）徐强是否应给付离婚损害赔偿金？

针对上述争议焦点，我们认为：

1. 宋金梅与徐强夫妻感情确已破裂，应依法判决双方离婚。

宋金梅与徐强自2010年徐强搬出家中后便开始分居，其间彼此不履行夫妻义务，夫妻关系名存实亡。且徐强自2016年起连续三次向法院起诉离婚，宋金梅自最后一次收到驳回离婚判决书后至今已有三年，其间双方保持分居状态，夫妻关系没有任何改善。同时徐强长期与婚外异性杨小姐共同生活并育有一子的行为也符合离婚的法定情形，双方感情确已破裂。根据《民法典》第1079条之规定，应当依法判决双方离婚。

2. 宋金梅与徐强于婚内购买的涉案A、B、C三套房屋依法属于夫妻共同财产，离婚时应根据照顾女方、子女及无过错方原则，对宋金梅予以多分。

涉案的三套房屋均为宋金梅和徐强婚姻关系存续期间购买，均已还清所有贷款，三套房屋均属于夫妻共同财产，应当在离婚时予以依法分割。由于徐强存在婚内出轨并生子的恶劣行为，没有尽到夫妻之间应有的忠实义务，属于婚内过错方。根据《民法典》第1087条第1款的规定："离婚时，夫妻的共同财产由双方协议处理；协议不成的，由人民法院根据财产的具体情况，按照照顾子女、女方和无过错方权益的原则判决。"宋金梅作为本案的女方和无过错方，在离婚分割夫妻共同财产时，应对宋金梅予以多分。

3. 徐强婚内与婚外异性长期同居并育有一子，性质极其恶劣，属于婚内严重过错方，应当在离婚时向宋金梅支付精神损害抚慰金10万元。

徐强自2010年搬出家中在外居住以来，长期不履行身为丈夫所应尽的义务，对家庭不管不问，家里的大小事宜和孩子抚养均是由宋金梅一手操持。在徐强连续三年起诉至法院要求离婚时，宋金梅也秉持着良善的愿望和维系家庭的包容心，希望能同徐强改善夫妻关系。直到2020年12月，宋金梅意外发现徐强同婚外异性杨小姐长期保持同居关系并育有一子的事实，且该非婚生子已上小学。该事实极大地伤害了宋金梅的身体、精神、心理，给宋金梅造成了不可磨灭的伤害。徐强的行为违背了夫妻之间的忠实义务和社会善良的公序良俗，《民法典》第1091条规定："有下列情形之一，导致离婚的，无过错方有权请求损害赔偿：（一）重婚；（二）与他人同居；（三）实施家庭暴力；（四）虐待、遗弃家庭成员；（五）有其他重大过错。"徐强属于婚内严重过错方，其应当在离婚时向宋金梅支付精神损害抚慰金10万元，以维护婚姻的忠诚道德和法律的公平正义。

温馨提示

在现实的婚姻生活里，不乏有夫妻一方在婚内出轨他人的行为，更严重的甚至存在婚内与他人同居并生育孩子的恶劣行为。这种行为不仅破坏了我国一夫一妻制的婚姻制度，更会给另一方造成极大的伤害。那么《民法典》有哪些规定，能够保护婚内无过错方的利益呢?

1.《民法典》将"重婚"和"与他人同居"作为法定离婚情形。

《民法典》第1079条中就规定："……有下列情形之一，调解无效的，应当准予离婚：（一）重婚或者与他人同居……"如果婚内一方存在"重婚"或"与他人同居"的行为，另一方向法院起诉离婚的，法院应当准予离婚。

2.《民法典》明确了离婚分割夫妻共同财产时，照顾无过错方的原则。

《民法典》第1087条第1款规定："离婚时，夫妻的共同财产由双方协议处理；协议不成的，由人民法院根据财产的具体情况，按照照顾子女、女方和无过错方权益的原则判决。"该条规定强调了对无过错方的保护，如果一方存在婚内出轨、家暴等过错行为，另一方在离婚分割夫妻共同财产时，可以予以多分。

3.《民法典》规定了离婚损害赔偿制度。

《民法典》第1091条规定："有下列情形之一，导致离婚的，无过错方有权请求损害赔偿：（一）重婚；（二）与他人同居；（三）实施家庭暴力；（四）虐待、遗弃家庭成员；（五）有其他重大过错。"

夫妻之间，彼此有着互相忠诚的义务，这也是《民法典》中所倡导的良好家风的一部分，不违背夫妻忠诚的义务是对婚姻配偶基本的尊重。《民法典》将"重婚"和"与他人同居"作为婚内的过错行为，加强了对夫妻关系的保护。一方如果在婚内存在上述行为，另一方在离婚时可以要求对方支付损害赔偿金。

本案法律适用

《民法典》第1062条 夫妻在婚姻关系存续期间所得的下列财产，为夫妻的共同财产，归夫妻共同所有：

（一）工资、奖金、劳务报酬；

（二）生产、经营、投资的收益；

（三）知识产权的收益；

（四）继承或者受赠的财产，但是本法第一千零六十三条第三项规定的除外；

（五）其他应当归共同所有的财产。

夫妻对共同财产，有平等的处理权。

《民法典》第1064条 夫妻双方共同签名或者夫妻一方事后追认等共同意思表示所负的债务，以及夫妻一方在婚姻关系存续期间以个人名义为家庭日常生活需要所负的债务，属于夫妻共同债务。

夫妻一方在婚姻关系存续期间以个人名义超出家庭日常生活需要所

负的债务，不属于夫妻共同债务；但是，债权人能够证明该债务用于夫妻共同生活、共同生产经营或者基于夫妻双方共同意思表示的除外。

《民法典》第1079条　夫妻一方要求离婚的，可以由有关组织进行调解或者直接向人民法院提起离婚诉讼。

人民法院审理离婚案件，应当进行调解；如果感情确已破裂，调解无效的，应当准予离婚。

有下列情形之一，调解无效的，应当准予离婚：

（一）重婚或者与他人同居；

（二）实施家庭暴力或者虐待、遗弃家庭成员；

（三）有赌博、吸毒等恶习屡教不改；

（四）因感情不和分居满二年；

（五）其他导致夫妻感情破裂的情形。

一方被宣告失踪，另一方提起离婚诉讼的，应当准予离婚。

经人民法院判决不准离婚后，双方又分居满一年，一方再次提起离婚诉讼的，应当准予离婚。

《民法典》第1087条　离婚时，夫妻的共同财产由双方协议处理；协议不成的，由人民法院根据财产的具体情况，按照照顾子女、女方和无过错方权益的原则判决。

对夫或者妻在家庭土地承包经营中享有的权益等，应当依法予以保护。

《民法典》第1091条　有下列情形之一，导致离婚的，无过错方有权请求损害赔偿：

（一）重婚；

（二）与他人同居；

（三）实施家庭暴力；

（四）虐待、遗弃家庭成员；

（五）有其他重大过错。

《最高人民法院关于适用〈中华人民共和国民法典〉婚姻家庭编的解释（一）》第34条 夫妻一方与第三人串通，虚构债务，第三人主张该债务为夫妻共同债务的，人民法院不予支持。

夫妻一方在从事赌博、吸毒等违法犯罪活动中所负债务，第三人主张该债务为夫妻共同债务的，人民法院不予支持。

第七章　子女抚养

案例 25　离婚案件中，法院判决子女抚养权时考虑的因素有哪些？

前　言

《战国策》中有句话一直广为流传，“父母之爱子，则为之计深远”。作为父母，总是需要为子女考虑很多的。但是近几年随着离婚率的增高，婚姻案件中关于孩子抚养的纠纷也层出不穷。如果现实中发生夫妻离婚的情况，孩子抚养的问题往往成为二人争议的焦点。那么孩子的抚养权问题在法律上究竟是如何规定的？在判决时法院会考虑哪些因素？怎样才能最有利于孩子成长呢？让我们跟随董佳宜的案件，一起来看看。

案件纪实

2020 年 3 月，家住西安市的董佳宜来到律师事务所咨询离婚事宜，当时她神情焦虑，恐慌不已。律师在安抚她的情绪后，耐心倾听了董佳宜的遭遇。

原来，董佳宜与她的丈夫余承正面临离婚的问题，他们是相亲结识的，感情基础较为薄弱，认识不过半年的时间，就在双方家长的催促下草率结婚，婚后两家人共同购买了位于西安市的A房屋一套，不久还生下了女儿——小苹果。

两个家庭都很为小苹果的到来感到高兴，但是好景不长，由于董佳宜和余承婚前缺乏了解，双方对于孩子的教育问题从来没讨论过，婚后双方家长频繁因为孩子的抚养问题产生矛盾，同时董佳宜发现她和余承的性格也天差地别，两个人产生矛盾时根本无法好好沟通。余承常年在外地出差，一有矛盾他就以工作为由离家出走，半个多月不理会她和孩子。董佳宜独自在家离职带孩子，常年忍受着抚育孩子的艰辛和生活的压力，终于不堪重负，双方于2019年10月正式分居，并协议离婚事项。董佳宜希望女儿由自己抚养，余承每月支付抚养费，并依法分割夫妻共同财产——购置于婚姻关系存续期间内的房屋一套。

但这样的请求遭到了余承的果断拒绝，余承的态度是同意离婚，认为孩子由自己抚养更为有利，他觉得自己收入稳定而董佳宜自生育后一直没有上班，董佳宜根本没有条件抚养小苹果，同时对于A房屋的分割问题，余承认为该房产首付款的30%共计19万元为其父亲支付，且登记在自己名下，应视为只对自己的赠与，不属于夫妻共同财产，故该房产不能分割。他要求董佳宜放弃孩子的抚养权并从家中搬走，他不再要求董佳宜支付孩子的抚养费。

对于如此苛刻的条件，董佳宜自然是不能接受的，因为害怕余承做出不利于自己的行为，董佳宜无奈之下找到律师希望能尽快解决问题，律师通过与董佳宜的谈话，明确了本案的基本案情和法律关系，认为董佳宜的请求合情合理合法，于是接受了董佳宜的委托，于2020年3月诉至法院。董佳宜的诉讼请求：（1）要求与余承离婚；（2）婚生女由董佳宜抚养，余承每月支付抚养费2500元；（3）依法分割夫妻共同财产——位于西安市某区的A房产一套。

庭审中，余承的辩称同之前一样，他还是坚决地认为小苹果应该由自己抚养，同时A房屋不应予以分割。

为此，律师指出：孩子长期由董佳宜照顾，已经形成了稳定的生活环境，由董佳宜继续抚养更有利于孩子的成长，同时西安市某区的A房屋总价61万元，于婚后购买，首付款19万元由余承父亲支付，剩余42万元以余承名义办理银行贷款，截至2020年6月1日，双方已还贷款及利息17万余元。该房屋属婚后买房，父母一方支付首付款，产权登记在出资一方子女名下，但是未明确是赠与给一方个人的，应当以夫妻共同财产来进行分割，也更有利于保护女性和孩子的权益。

法院最终采纳了律师意见，同意双方离婚，认为婚生女应由董佳宜抚养，更有利于孩子的健康成长。同时认为涉案A房屋属于夫妻共同财产，但由于该房屋的首付款是由余承父亲出资，因此判决该房屋属余承所有，但余承应就房屋共同还贷款项及相应增值部分补偿董佳宜相应折价款共计35万余元。

一审法院判决如下：（1）准予董佳宜与余承离婚；（2）婚生女由董佳宜抚养，余承每月支付抚养费2200元直至孩子年满十八周岁为止；（3）判决房屋归余承所有，剩余房贷由余承偿还；（4）余承自判决生效之日起20日内支付董佳宜房屋折价款。

该案件一审判决生效，目前已经进入执行阶段。董佳宜之前独自忍受着带孩子的艰辛和生活的压力，长期被丈夫“冷暴力”对待，还在离婚后差点被“净身出户”，所遭受的种种不公平待遇终于在法律的维护下，得到了应得的补偿。和董佳宜有相同遭遇的人士，也可以适时拿起法律的武器，以保护自己应得的权益。

本案法律分析

一、本案的争议焦点为：婚生女由谁抚养更有利于孩子的成长？

对此，我们认为：婚生女应由董佳宜抚养，更有利于孩子的身心健康。

在委托律师的过程中，董佳宜一直十分担心自己孩子的抚养权。因为她在婚后离职在家带孩子，本身收入不稳定，害怕法院会因为自己的经济条件，而不支持自己的抚养权请求。

但是我们认为：

1. 他们的婚生女自出生起就一直跟随董佳宜及其父母生活，董佳宜细心照顾孩子的生活起居，对孩子的生活习惯十分了解。从各个方面都对孩子进行了无微不至的照顾，与孩子产生了非常深厚的情感依赖，如果贸然改变孩子的成长环境会不利于孩子的身心健康。

2. 董佳宜的父母已经退休也有稳定的住房，有足够精力、能力，也愿意帮助董佳宜照顾孩子，可以在生活和感情上给孩子创造更好的生活环境。

3. 由于他们的孩子是女孩，因此无论从生理还是心理上，跟母亲生活都更有利于孩子的成长。且余承长期在外地工作，没有时间精力照顾孩子，会对孩子的成长生活不利。

4. 余承也完全有能力、有义务支付孩子的抚养费用。

二、那么对于孩子的抚养权，法律是怎样规定的？法院在判决时又会考虑哪些因素呢？

首先，《民法典》中规定：父母与子女间的关系，不因父母离婚而消除。离婚后，子女无论由父或母直接抚养，仍是父母双方的子女。父母对于子女仍有抚养、教育、保护的权利和义务。实践中，不同年龄孩子抚养权的确定也是不同的，让我们来看看：

《民法典》第1084条以及《最高人民法院关于适用〈中华人民共和国民法典〉婚姻家庭编的解释（一）》第44条中明确规定，不满两周岁的子女以由母亲直接抚养为原则。但母亲有下列情形之一的，也可随父亲生活：母亲患有久治不愈的传染性疾病或其他严重疾病，子女不宜与其共同生活的；母亲有抚养条件不尽抚养义务，而父亲要求子女随其生活的；因其他原因，子女确不宜随母亲生活的，如母亲的经济能力及生活环境对抚养子女明显不利的，或母亲的品行不端不利于子女成长的，或因违法犯罪被判服刑不可能抚养子女的等。此外，如果父母双方协议不满两周岁子女由父亲直接抚养，并对子女健康成长无不利影响的，人民法院也应予支持。

其次，对两周岁以上的未成年子女，随父或随母生活，应先由父母双方协议决定。如果当事人双方因子女抚养问题达不成协议时，法院应结合父母双方的抚养能力和抚养条件等具体情况，根据有利于子女健康成长的原则妥善地作出裁决。《最高人民法院关于适用〈中华人民共和国民法典〉婚姻家庭编的解释（一）》第46条规定："对已满两周岁的未成年子女，父母均要求直接抚养，一方有下列情形之一的，可予优先考虑：（一）已做绝育手术或者因其他原因丧失生育能力；（二）子女随其生活时间较长，改变生活环境对子女健康成长明显不利；（三）无其他子女，而另一方有其他子女；（四）子女随其生活，对子女成长有利，而另一方患有久治不愈的传染性疾病或者其他严重疾病，或者有其他不利于子女身心健康的情形，不宜与子女共同生活。”

最后，对8周岁以上的未成年孩子，父母双方对抚养问题协议不成的，应当尊重孩子的真实意愿。但这并不是说8周岁以上未成年孩子可以随意选择随谁生活，法院一般在出现父母同争抚养权，且双方都具有抚养孩子的能力时，才考虑孩子个人的意见。

温馨提示

孩子是夫妻情感最美好的结晶，孩子只有在父母共同呵护下才能够健康茁壮地成长。但是如果夫妻感情破裂，最受伤害的莫过于可爱的孩子。在实务中，很多夫妻在离婚时疯狂地争夺孩子的抚养权，想要通过得到孩子抚养权的形式给孩子更好的生活和更多的弥补。可是他们不知道，在他们离婚过程中给孩子造成的伤害是永远没法弥补的。在此，律师提醒：夫妻之间应当互相包容，共同给予孩子足够的爱和关怀。

本案法律适用

《民法典》第1084条第3款　离婚后，不满两周岁的子女，以由母亲直接抚养为原则。已满两周岁的子女，父母双方对抚养问题协议不成的，由人民法院根据双方的具体情况，按照最有利于未成年子女的原则判决。子女已满八周岁的，应当尊重其真实意愿。

《民法典》第1085条第1款　离婚后，子女由一方直接抚养的，另一方应当负担部分或者全部抚养费。负担费用的多少和期限的长短，由双方协议；协议不成的，由人民法院判决。

值得注意的是：本案在审理过程中《民法典》还未正式适用，因此本案关于“房屋分割”部分所适用的法律法规为：《婚姻法》第 17 条、《最高人民法院关于适用〈中华人民共和国婚姻法〉若干问题的解释（二）》第 22 条、《最高人民法院关于适用〈中华人民共和国婚姻法〉若干问题的解释（三）》第 7 条。由于《民法典》的正式颁布，以上法条已经收编为《民法典》第 1062 条和《最高人民法院关于适用〈中华人民共和国民法典〉婚姻家庭编的解释（一）》。

《民法典》第 1062 条　夫妻在婚姻关系存续期间所得的下列财产，为夫妻的共同财产，归夫妻共同所有：

（一）工资、奖金、劳务报酬；

（二）生产、经营、投资的收益；

（三）知识产权的收益；

（四）继承或者受赠的财产，但是本法第一千零六十三条第三项规定的除外；

（五）其他应当归共同所有的财产。

夫妻对共同财产，有平等的处理权。

《最高人民法院关于适用〈中华人民共和国民法典〉婚姻家庭编的解释（一）》第 29 条　当事人结婚前，父母为双方购置房屋出资的，该出资应当认定为对自己子女个人的赠与，但父母明确表示赠与双方的除外。

当事人结婚后，父母为双方购置房屋出资的，依照约定处理；没有约定或者约定不明确的，按照民法典第一千零六十二条第一款第四项规定的原则处理。

可以看出，无论是基于之前的《最高人民法院关于适用〈中华人民共和国婚姻法〉若干问题的解释（三）》第7条、《最高人民法院关于适用〈中华人民共和国婚姻法〉若干问题的解释（二）》第22条，还是基于修改后的《最高人民法院关于适用〈中华人民共和国民法典〉婚姻家庭编的解释（一）》第29条，本案涉案房屋都应属夫妻共同财产。且按照新法规定：当事人结婚后，父母为双方购置房屋出资的，没有约定或者约定不明确的情况下，将直接依照继承或者受赠的财产，归属于夫妻共同财产，此规定在法律实践中更有利于对董佳宜合法权益的认定。

案例26 在婚姻关系存续期间，父母一方拒不支付孩子抚养费，该如何处理?

前言

孩子的抚养问题一直备受社会的关注。在孩子成长过程中，如果父母一方缺位不承担为人父母的责任，那么对于孩子的成长会造成很严重的影响。然而在现实生活中，当夫妻双方矛盾频发，婚姻关系岌岌可危，双方分居、互不联系时，一方持续拒不给付婚生子女的抚养费情形并不少见。一方拒不给付抚养费，不但会使孩子的生活质量难以得到保障，还会给孩子带来不可磨灭的心理印记。此时，该如何保障孩子的合法权益呢？让我们跟随杨可乐的案例，一起来看看。

案件纪实

杨可乐一直都很喜欢孩子，她是家里的独生女，小的时候就很羡慕其他家里有好几个孩子，她希望自己家里也能这么热热闹闹，因此长大后更加喜欢孩子。2016 年的时候，杨可乐从大学毕业，与同校的张启相识，两个人很快擦出爱的火花，在毕业后没多久就登记结婚，并在第二年如杨可乐所愿，共同孕育了一个女儿。

杨可乐非常爱自己的女儿，几乎将全部心血都花费在了女儿身上。但是让她苦恼的是，孩子出生后不久，张启与杨可乐之间就矛盾不断，两个人因为孩子抚养、家务劳动等诸多问题有着巨大的分歧。最终张启认为两个人已经无法继续共同生活，遂独自前往外地工作，将抚养孩子的重担全部留给了杨可乐。孩子年纪尚小，杨可乐无暇顾及自己的婚姻生活，只能由张启做主。起初张启及其家人会通过网上转账的方式每月支付孩子 5000 元左右的抚养费，但不知为何，在 2019 年 11 月之后，张启便开始不再支付孩子的抚养费用，也不再对家庭尽任何的责任。

这下让杨可乐为难起来，孩子才刚刚三四岁，还离不开母亲，杨可乐因独自抚养孩子无法上班，只得靠一些兼职工作及家人补贴来维持生活。同时随着孩子的长大，日常生活、早教及医疗等各项费用开支都在慢慢增加。无奈之下，杨可乐开始频繁联系张启并希望张启能承担起作为父亲的责任，不要因两人之间矛盾而使孩子的生活、教育质量下降，影响孩子的发展。但张启并不为所动，完全不理会杨可乐，对孩子也是不闻不问。

张启的行为让杨可乐大失所望，她看着乖巧可爱的女儿，终于下定决心，在 2021 年 2 月一纸诉状将张启告到法院，希望通过法律途径捍卫孩子的合法权益，要求张启支付孩子抚养费每月 4000 元。

法院在接受案件后，张启也收到了诉状和传票，他辩称自己婚后创业至今，一直靠父母接济才能维持生活，根本没有收入，自己原先给付孩子抚养费皆为父母代为支付，自己无力承担孩子的抚养费，遂拒绝承担女儿的任何费用。

张启的这番论述明显站不住脚，律师在庭上据理力争，收集张启原先给付抚养费的凭据及孩子的花费票据等证据，并调查查明张启作为某公司职员每月收入5000元，名下有高档汽车一辆。另查明，张启还是两家公司的股东，完全有能力支付抚养孩子的费用，其也应该尽到自己身为孩子父亲的责任。

最终经过审理后，法院采纳了律师的意见，根据张启的收入、西安市经济水平以及孩子的生活、学习实际所需，并结合过往抚养费支付情况判决张启每月支付孩子抚养费3500元。

张启不满该判决并向西安市中级人民法院提起上诉，最终该案二审判决驳回了张启的上诉，维持原判。

杨可乐收到终审判决后终于松了一口气，从此她和女儿的生活终于有了一丝保障。虽然自己所托非人，但她还是感激这段婚姻，让她拥有了世界上最珍贵的女儿，她也坚定地表示，要好好抚养女儿长大，让她知道女性身上的力量，懂得女性的温柔与坚强，在权益受到侵害时能够勇于主张自己的权利，保护自己及家人，向阳而生，不负韶华。

本案法律分析

本案是典型的抚养费纠纷，案件焦点即为张启是否应该支付女儿的抚养费？抚养费的数额又该如何确定？对此，我们认为：

第一，婚生女有权要求张启支付抚养费。根据《民法典》第1067条的规定：父母不履行抚养义务的，未成年子女或者不能独立生活的成年子女，有要求父母给付抚养费的权利。成年子女不履行赡养义务的，缺乏劳动能力或者生活困难的父母，有要求成年子女给付赡养费的权利。基于孩子与父母之间的亲子关系，法律明文规定父母对子女负有抚养义务，不容推辞。

第二，张启有能力、有义务、有责任每月给付婚生女抚养费4000元，直至婚生女独立生活为止，理由如下：

1. 抚养费的数额需根据孩子的实际需要进行给付。《最高人民法院关于适用〈中华人民共和国民法典〉婚姻家庭编的解释（一）》第42条规定："民法典第一千零六十七条所称'抚养费'，包括子女生活费、教育费、医疗费等费用。"本案中，从孩子的实际花费情况来看，除吃、穿、住、行、医疗等开销外，孩子还参加了早教班，且孩子患有慢性疾病需要长期治疗和日常调养，需要投入大量的精力、人力、心力和医疗费用，再加上物价逐年走高，各项花费开支巨大且日趋增加，张启应按照孩子的实际需要给付孩子的抚养费。

2. 从张启之前支付抚养费的情况来看，张启也深知孩子的抚养花费巨大，之前张启也是按时给付，但由于与杨可乐矛盾激化才暂时没有支付，相信张启作为孩子的父亲也愿意继续肩负起给付抚养费的责任，让孩子的生活更好，无论双方是否离婚，但是对于孩子的爱应该是完整的。

3. 从张启的经济情况来看，张启收入稳定，不仅开办有培训学校，还享有其他公司股权，名下有高档汽车，资金实力雄厚，完全有能力支付孩子的抚养费用。根据未成年人利益最大化原则，张启支付的抚养费应满足孩子实际需求，以保障孩子身心健康成长！

温馨提示

根据《民法典》第1084条第1款、第2款的规定：父母与子女间的关系，不因父母离婚而消除。离婚后，子女无论由父或者母直接抚养，仍是父母双方的子女。离婚后，父母对于子女仍有抚养、教育、保护的权利和义务。缘分可以尽，亲情不能断。希望各位夫妻在处理自身婚姻矛盾时，不要影响孩子的健康成长，应当秉持着最有利于子女的原则，妥善处理抚养权的归属，共同保障子女的茁壮成长。

本案法律适用

《民法典》第1067条 父母不履行抚养义务的，未成年子女或者不能独立生活的成年子女，有要求父母给付抚养费的权利。

成年子女不履行赡养义务的，缺乏劳动能力或者生活困难的父母，有要求成年子女给付赡养费的权利。

《最高人民法院关于适用〈中华人民共和国民法典〉婚姻家庭编的解释（一）》第42条 民法典第一千零六十七条所称“抚养费”，包括子女生活费、教育费、医疗费等费用。

《最高人民法院关于适用〈中华人民共和国民法典〉婚姻家庭编的解释（一）》第43条 婚姻关系存续期间，父母双方或者一方拒不履行抚养子女义务，未成年子女或者不能独立生活的成年子女请求支付抚养费的，人民法院应予支持。

《最高人民法院关于适用〈中华人民共和国民法典〉婚姻家庭编的解释（一）》第49条 抚养费的数额，可以根据子女的实际需要、父母双方的负担能力和当地的实际生活水平确定。

有固定收入的，抚养费一般可以按其月总收入的百分之二十至三十的比例给付。负担两个以上子女抚养费的，比例可以适当提高，但一般不得超过月总收入的百分之五十。

无固定收入的，抚养费的数额可以依据当年总收入或者同行业平均收入，参照上述比例确定。

有特殊情况的，可以适当提高或者降低上述比例。

《最高人民法院关于适用〈中华人民共和国民法典〉婚姻家庭编的解释（一）》第53条　抚养费的给付期限，一般至子女十八周岁为止。

十六周岁以上不满十八周岁，以其劳动收入为主要生活来源，并能维持当地一般生活水平的，父母可以停止给付抚养费。

案例27　离婚时以抢夺、藏匿孩子的方式争夺抚养权合法吗？

前　言

每个孩子都是一个独立的个体，在离婚时，为自己的一己私欲强行抢夺孩子，给孩子带来的只有无尽的伤害。子女抚养权归属一直是夫妻发生离婚纠纷时最为核心的问题，牵动着每个家庭的心。由于审判实践中，法院判决孩子抚养权归属时会将孩子当下与哪一方共同生活作为一个重要判决依据。为了能够成功获得孩子的抚养权，在实践中，父母一方擅自抢夺、隐匿孩子的行为屡见不鲜。那么，实践中出现这种情况时，法院究竟会如何判决呢？让我们跟随张静的案件，来看看法院是如何处理该类纠纷的。

案件纪实

张静实在没想到她和丈夫最后会走到对簿公堂的地步。张静和丈夫齐远是在2012年3月经人介绍相识的，认识初期，齐远为人儒雅又礼貌，张静对他很有好感，两个人很快陷入热恋，并于同年11月办理了结婚登记手续。婚后两个人相敬如宾，倒也恩爱。张静对自己的婚姻生活很满意，还在2016年8月生下了一个女孩，取名小艺。

但是在孩子出生后，张静逐渐就发现齐远不思进取、没有家庭责任感，这些年家里经济来源主要依靠张静，原本张静是想给齐远自己创业打好基础，无条件支持丈夫工作，但在女儿出生后，齐远还保持着这种闲散的心态和不负责的态度，久而久之，张静便对该段婚姻丧失信心。更令张静不敢相信的是，2019年年初，张静意外发现齐远服用治疗精神疾病的药品。经追问才得知齐远在同自己结婚前便患有精神类疾病，结婚之后更是隐瞒病情不配合治疗，张静对此无法接受，夫妻矛盾进一步加剧。

在这期间，孩子小艺一岁半之前一直由张静抚养照顾，之后由于工作原因，张静不得不将孩子送至齐远老家由爷爷奶奶照顾，自己定期回去照看。2020年9月，张静将小艺带到西安生活，为孩子联系好幼儿园并缴纳了各种费用，小艺平时由张静母亲帮忙照看。在张静来到西安后，双方关系没有任何改善，齐远没有任何的歉意，也没有任何改善夫妻关系的举动，张静十分痛苦，不得不承认双方感情确已破裂。之后双方曾商量过协议离婚，但对孩子由谁来抚养双方争议巨大。张静遂于2020年11月诉至法院要求离婚，并要求婚生女由自己抚养，齐远每月支付抚养费1000元直至孩子年满18周岁。

在庭审中，齐远辩称自己同意离婚，但认为婚生女小艺应由自己抚养。因为孩子一岁半以后，由于自己和张静在外打工，孩子生活在老家，由自己的父母长期照顾抚养，自己也常回家看望孩子及父母，因此与孩子更为熟悉亲密。张静目前在外租房居住，不能给孩子的成长提供稳定的居住生活条件，孩子由张静照顾不利于孩子的成长。

本案在诉至法院时，小艺尚同张静共同生活。张静不愿因双方矛盾影响孩子，因此并未阻挠齐远与孩子见面。未曾想到，在第一次庭审结束后，2021 年 3 月初，齐远为争夺孩子抚养权，以带孩子买东西为由，强行从张静处抢夺孩子，争执过程中孩子大声哭闹，两家为此甚至报了警，场面一片混乱。在争执不下之际，张静出于对孩子的健康考虑，无奈之下只得妥协，最终孩子被齐远及家人强行带回老家。2021 年 4 月中旬，张静前往老家看望孩子，孩子大声哭喊着要和张静走，但齐远及父母均不为所动，并拒绝张静探望孩子。

齐远的行为给张静和孩子都带来了巨大的伤害，张静无论如何要力争小艺的抚养权到底，因此该案二次庭审过程中，张静提交了齐远抢夺及阻止探望孩子的录音录像证据，其中小艺大声哭叫的录像让法庭为之动容。

最终法院在结合双方证据后，认为从齐远强行抢夺孩子的做法来看，其不宜同小艺共同生活。最终判决：张静和齐远离婚，小艺由张静抚养，齐远支付其抚养费直至 18 周岁。

目前该案判决已生效，案件落下帷幕，张静如愿获得了孩子的抚养权，值得欣慰的是孩子也能按照自己的心愿在母亲的陪伴下健康快乐成长！

本案法律分析

在本案中，争议焦点只有一个，即婚生女小艺应该由谁抚养？针对这个争议焦点，我们认为：

1. 婚生女小艺出生后跟随张静生活时间较长，孩子与张静形成了深厚的情感依赖，且孩子是女孩，无论从生理上还是心理上由母亲照顾都更为方便，孩子在西安的幼儿园已经就读一段时间，已经形成了稳定的生活、学习环境，贸然改变环境对其健康成长明显不利。且齐远曾患有精神疾病，情绪不稳定，无法使孩子得到良好的照顾。

2. 齐远不顾及孩子的感受，强行抢夺孩子的做法严重危害孩子的身心健康成长，其行为违反了 2021 年 6 月 1 日施行的《未成年人保护法》第 24 条第 1 款的规定，即“未成年人的父母离婚时，应当妥善处理未成年子女的抚养、教育、探望、财产等事宜，听取有表达意愿能力未成年人的意见。不得以抢夺、藏匿未成年子女等方式争夺抚养权”。本案中，齐远的行为阻碍、切断了孩子与母亲的正常联系，导致骨肉亲情分离，是一种粗暴、自私的行为，于情于理于法相悖，给孩子的身心健康成长造成了极为不利的影响，因此，齐远不宜抚养孩子。如果将孩子判归齐远抚养，则无形中助长了抢夺、隐藏孩子的不当行为。

3. 张静的母亲明确表示其有意愿及能力继续帮忙照顾孩子，根据《民法典》的规定，综合双方实际情况，按照最有利于孩子的原则，孩子由张静抚养更有利于孩子的健康成长。

4. 关于抚养费用的问题，按照《最高人民法院关于适用〈中华人民共和国民法典〉婚姻家庭编的解释（一）》第 49 条的规定：“抚养费的数额，可以根据子女的实际需要、父母双方的负担能力和当地的实际生活水平确定。有固定收入的，抚养费一般可以按其月总收入的百分之二十至三十的比例给付。负担两个以上子女抚养费的，比例可以适当提高，但一般不得超过月总收入的百分之五十。无固定收入的，抚养费的数额可以依据当年总收入或者同行业平均收入，参照上述比例确定。有特殊情况的，可以适当提高或者降低上述比例。”所以，齐远应按每月总收入的20%到30%的比例给付孩子的抚养费。

温馨提示

《未成年人保护法》明文规定不得以抢夺、藏匿孩子的方式争夺抚养权。在离婚时用这样的方式抢夺孩子是违法的，要承担法律责任。孩子不是婚姻的附属品，双方应以温和、理智的态度，从最有利于孩子利益的原则角度出发，在离婚时正确处理好孩子抚养权问题，最大限度地减少对孩子的二次伤害。

本案法律适用

《未成年人保护法》第24条　未成年人的父母离婚时，应当妥善处理未成年子女的抚养、教育、探望、财产等事宜，听取有表达意愿能力未成年人的意见。不得以抢夺、藏匿未成年子女等方式争夺抚养权。

未成年人的父母离婚后，不直接抚养未成年子女的一方应当依照协议、人民法院判决或者调解确定的时间和方式，在不影响未成年人学习、生活的情况下探望未成年子女，直接抚养的一方应当配合，但被人民法院依法中止探望权的除外。

《民法典》第1084条　父母与子女间的关系，不因父母离婚而消除。离婚后，子女无论由父或者母直接抚养，仍是父母双方的子女。

离婚后，父母对于子女仍有抚养、教育、保护的权利和义务。

离婚后，不满两周岁的子女，以由母亲直接抚养为原则。已满两周岁的子女，父母双方对抚养问题协议不成的，由人民法院根据双方的具体情况，按照最有利于未成年子女的原则判决。子女已满八周岁的，应当尊重其真实意愿。

《民法典》第1086条 离婚后，不直接抚养子女的父或者母，有探望子女的权利，另一方有协助的义务。

行使探望权利的方式、时间由当事人协议；协议不成的，由人民法院判决。

父或者母探望子女，不利于子女身心健康的，由人民法院依法中止探望；中止的事由消失后，应当恢复探望。

《最高人民法院关于适用〈中华人民共和国民法典〉婚姻家庭编的解释（一）》第46条 对已满两周岁的未成年子女，父母均要求直接抚养，一方有下列情形之一的，可予优先考虑：

（一）已做绝育手术或者因其他原因丧失生育能力；

（二）子女随其生活时间较长，改变生活环境对子女健康成长明显不利；

（三）无其他子女，而另一方有其他子女；

（四）子女随其生活，对子女成长有利，而另一方患有久治不愈的传染性疾病或者其他严重疾病，或者有其他不利于子女身心健康的情形，不宜与子女共同生活。

《最高人民法院关于适用〈中华人民共和国民法典〉婚姻家庭编的解释（一）》第47条 父母抚养子女的条件基本相同，双方均要求直接抚养子女，但子女单独随祖父母或者外祖父母共同生活多年，且祖父母或者外祖父母要求并且有能力帮助子女照顾孙子女或者外孙子女的，可以作为父或者母直接抚养子女的优先条件予以考虑。

《最高人民法院关于适用〈中华人民共和国民法典〉婚姻家庭编的解释（一）》第49条 抚养费的数额，可以根据子女的实际需要、父母双方的负担能力和当地的实际生活水平确定。

有固定收入的，抚养费一般可以按其月总收入的百分之二十至三十的比例给付。负担两个以上子女抚养费的，比例可以适当提高，但一般不得超过月总收入的百分之五十。

无固定收入的，抚养费的数额可以依据当年总收入或者同行业平均收入，参照上述比例确定。

有特殊情况的，可以适当提高或者降低上述比例。

案例28 离婚时约定了子女抚养权，但后来想变更怎么办？

前 言

变更子女抚养关系纠纷，是指具有抚养权的一方，抚养能力丧失或者出现了不利于子女健康成长的情形，另一方向法院提出要求变更子女抚养权的纠纷。这类纠纷在司法实践中是很常见的，因为随着时间的推移，离婚双方生活变化和孩子的不断成长都有可能使得原来具有抚养权的一方，出现不利于抚养孩子的因素，这时候就会有纠纷产生。那么法院在判决这类案件时，所主要考量的依据有哪些呢？

案件纪实

2008年7月，成东君和何蕙在朋友的介绍下相识，因为双方都已达到适婚年龄，又彼此欣赏，因此很快确立了恋爱关系，并于交往一年后在西安登记结婚。婚后的生活过得不咸不淡，成东君因为工作的原因，并不能长时间陪在何蕙身边，双方感情逐渐变淡。好在2010年11月，一个新生命的到来，让这个家庭重新充满了欢声笑语。

成东君觉得女儿小橙子是上天送给他最好的礼物，小橙子聪明可爱，活泼开朗，每个见过她的人都忍不住夸她两句，作为父母的成东君和何蕙更是非常自豪，成东君开始向单位要求调岗，希望能够长期陪伴在小橙子身边，何蕙也将生活的重心渐渐放在了家里，一家三口其乐融融地生活了许多年。

可惜随着小橙子渐渐长大，成东君和何蕙之间的矛盾也愈演愈烈。由于双方工作、生活圈子的不同，以及教育孩子的理念分歧，他们逐渐产生了更多的争吵，夫妻关系一度陷入冰点。原本还想为年幼的小橙子多做考量，但是在小橙子10岁的时候，因为孩子的入学问题，双方再次大吵一架，这次何蕙终于忍不住向成东君提出了离婚。

离婚事情进行得很快，成东君也觉得继续坚持这样的婚姻没有意义，他对于财产等都不在意，只希望自己能够得到小橙子的抚养权。为了能够尽快离婚，何蕙答应了他的这个要求，双方于2020年1月签署了离婚协议，并约定“婚生女小橙子由成东君抚养，何蕙不支付抚养费”，之后二人于西安某民政局办理了离婚登记。

双方离婚后，小橙子如约和成东君共同生活。但是随着年龄的增长，身为女孩的小橙子生理、心理上出现了许多问题，都不愿意与成东君沟通。再加上成东君在外地工作，没有充足的时间、精力去照顾、陪伴孩子，小橙子大部分时间更愿意同母亲何蕙待在一起，久而久之，何蕙就产生了想要变更抚养权的想法。但是这样的想法遭到了成东君的强烈反对，成东君无论如何也不愿意放弃女儿的抚养权，双方在经过协商无果后，何蕙将成东君起诉到法院，要求变更小橙子的抚养关系，并要求成东君每月支付孩子抚养费2000元至孩子年满18周岁。

而成东君认为，自己和何蕙在离婚时对于孩子的抚养权已经有明确约定，双方是经过全面考量后做出的决定，且为了争取小橙子的抚养权，他放弃了分割婚内共有的一套房屋和一辆车的权利，也没有要求何蕙履行支付抚养费的义务，离婚协议内容合法有效，双方应遵守契约精神，履行协议内容。

该案进入诉讼程序后，法院经审查发现小橙子已经年满11周岁，按照《民法典》的规定，8周岁以上的孩子应该听取其主观意愿，因此法院专门对小橙子进行了谈话，令成东君失望的是，小橙子自己表达了想要和母亲共同生活的愿望。而成东君和何蕙能够给予孩子的生活、教育条件又差别不大，再考虑孩子的年龄、性别等情况，法院结合孩子本人意愿，根据成东君的工资收入，最终判决：

（1）小橙子由母亲何蕙直接抚养；

（2）成东君按月支付抚养费1500元，至小橙子年满18周岁为止。

本案法律分析

本案争议焦点：小橙子的抚养权究竟应不应该变更？针对这个争议焦点，律师作出如下分析：

孩子的抚养权问题是婚姻家事类案件的常见问题，法院在审理这类变更抚养关系的案件时，主要考虑以下几个因素：

（1）与子女共同生活的一方因患严重疾病或者因伤残无力继续抚养子女；

（2）与子女共同生活的一方不尽抚养义务或有虐待子女行为，或者其与子女共同生活对子女身心健康确有不利影响；

（3）已满8周岁的子女，愿随另一方生活，该方又有抚养能力。

《民法典》出台后，法院在判决时也会按照最有利于未成年子女的原则进行判决，对于已年满8周岁的孩子，会尊重孩子的真实意愿。如果孩子没有满8周岁，那么法院在裁判时，也会多考虑哪一方同孩子感情更加深厚，比如，与孩子的共同生活时间更长；与孩子沟通交流更多；生活环境、条件更适合孩子成长等因素。

在本案中，小橙子作为女孩，和母亲何蕙有天然的亲密关系。在平时生活中，也是何蕙陪同小橙子的时间更长一些，相比于在外地工作，无法很好平衡工作和家庭的成东君来说，由母亲照料日益长大的小橙子无疑更合适一些。从最有利于孩子的原则来说，何蕙要求变更抚养关系的请求可以得到支持。

且本案在审理过程中，小橙子经法院问询，已经向法院表达了愿意跟随母亲生活的意思表示。因此，虽然何蕙和成东君已对孩子的抚养问题进行过约定，且成东君为此放弃了自己的一部分财产权利，但是法院在进行审判时，依旧以征求子女意见原则为主。

本案法律适用

《民法典》第1084条 父母与子女间的关系，不因父母离婚而消除。离婚后，子女无论由父或者母直接抚养，仍是父母双方的子女。

离婚后，父母对于子女仍有抚养、教育、保护的权利和义务。

离婚后，不满两周岁的子女，以由母亲直接抚养为原则。已满两周岁的子女，父母双方对抚养问题协议不成的，由人民法院根据双方的具体情况，按照最有利于未成年子女的原则判决。子女已满八周岁的，应当尊重其真实意愿。

《民法典》第1085条　离婚后，子女由一方直接抚养的，另一方应当负担部分或者全部抚养费。负担费用的多少和期限的长短，由双方协议；协议不成的，由人民法院判决。

前款规定的协议或者判决，不妨碍子女在必要时向父母任何一方提出超过协议或者判决原定数额的合理要求。

《最高人民法院关于适用〈中华人民共和国民法典〉婚姻家庭编的解释（一）》第55条　离婚后，父母一方要求变更子女抚养关系的，或者子女要求增加抚养费的，应当另行提起诉讼。

《最高人民法院关于适用〈中华人民共和国民法典〉婚姻家庭编的解释（一）》第56条　具有下列情形之一，父母一方要求变更子女抚养关系的，人民法院应予支持：

（一）与子女共同生活的一方因患严重疾病或者因伤残无力继续抚养子女；

（二）与子女共同生活的一方不尽抚养义务或有虐待子女行为，或者其与子女共同生活对子女身心健康确有不利影响；

（三）已满八周岁的子女，愿随另一方生活，该方又有抚养能力；

（四）有其他正当理由需要变更。

案例 29 ┊ 欺诈性抚养，受害方该如何维护自己的权益呢？

前 言

欺诈性抚养，指的是孩子的生母在明知或应知孩子并非对方亲生的情况下，隐瞒实情，使对方因此误将该非亲生子当成自己的亲生孩子抚养的情况。在目前我国的两性社会中，欺诈性抚养虽然违背公序良俗，但是也时常出现。而且我国现有的法律法规对欺诈性抚养还没有具体规定。那么，如果出现了欺诈性抚养，受害方该如何维护自己的权益呢？让我们跟随唐声的案件，来看看法律上的救济措施。

案件纪实

唐声从来没有想过这样的事情会发生在自己身上。

2011 年，唐生在一次朋友聚会上认识了蒋南溪，蒋南溪外表温柔大方，唐声对她一见钟情，两人很快便确立了恋爱关系。恋爱的两年里，唐声一直对蒋南溪很好，两人的感情逐渐升温，成了朋友们口中郎才女貌的一对。2013 年，两人登记结婚。

婚后两个人的感情也没有产生变化，唐声一心一意赚钱养家，蒋南溪则在 2014 年生育了一个男孩，取名小乐。又在 2016 年生育了一个女孩，取名小花。一家四口其乐融融，幸福快乐，这样的幸福让唐声不断感慨自己就是世界上最幸福的人。

但他没想到，就在他以为自己最幸福的时刻，意外降临了。2020 年的一个冬天，唐声在一次出差时，意外发现蒋南溪对婚姻有不忠行为。这样的事实犹如晴天霹雳，唐声在长期的抑郁和痛苦中，选择了同蒋南溪协议离婚。双方于2020年年底办理了离婚登记手续，并约定大儿子小乐跟随唐声生活，由唐声抚养。小女儿小花跟随蒋南溪生活，唐声每月支付孩子抚养费2000元直至孩子成年独立生活为止。

双方离婚后，唐声如约照顾着小乐，并且时常关心小花的境遇，按时履行了支付抚养费的义务。但在2021年3月，因为小乐生了病，在对孩子进行血检的时候，唐声意外发现大儿子小乐并不是自己的亲生孩子！在拿到亲子鉴定的结果时，唐声和家人都不能接受，自己多年来的幸福原来竟是一场空，蒋南溪对自己竟然进行了长达多年的欺骗！唐声对蒋南溪的信赖一瞬间坍塌，坚决要求同女儿小花也进行亲子鉴定，而事实竟如他们不敢想象的那般，小花竟也不是自己的亲生孩子！

婚姻和家庭的支离破碎让唐声身心遭受严重伤害，唐声在安顿好两个孩子后，进行了数月的心理治疗。最终在痛定思痛之后，唐声毅然决定通过法律程序来维护自己的合法权益！他委托了律师向法院递交起诉状，要求：（1）依法判令两个孩子均由蒋南溪自行抚养，唐声不再支付任何费用；（2）依法判令蒋南溪返还唐声已支付的抚养费15万余元；（3）依法判令蒋南溪支付唐声精神损害赔偿金5万元。

在本案的审理过程中，蒋南溪也有过辩称：她同意两个孩子由自己抚养，唐声不再支付抚养费用。但是对于唐声要求返还的抚养费用，蒋南溪不予认可。因为在两个孩子成长期间，她认为唐声一直在外工作，很少对孩子尽到抚养义务，孩子的大部分费用也都是由蒋南溪家人补贴。因此对于唐声要求返还抚养费的请求，应当被驳回。同时由于唐声在婚内也存在过错，对蒋南溪有很大的伤害，因此不同意进行精神损害赔偿。

但是律师认为这些并不构成不向唐声返还抚养费和支付精神损害赔偿金的理由，蒋南溪对唐声的伤害是显而易见的，唐声的请求符合法律和道德的要求。而法院经过审理后，也认可了律师的观点，认为夫妻之间应当互相忠实、互相尊重、互相关爱。蒋南溪违背夫妻之间的忠实义务，隐瞒与他人生子的事实，对唐声的财产是一种侵犯，给唐声的尊严也造成了巨大的伤害。同时，唐声对小乐和小花的抚养系基于一直以为是自己的亲生儿女，而经 DNA 鉴定小乐和小花与唐声不具有亲子关系，则唐声对小乐和小花无法定抚养义务。唐声请求蒋南溪返还小乐和小花的抚养费并赔偿精神损失费，符合法律规定。因此最终判决：

（1）小乐、小花由蒋南溪抚养，唐声不再支付任何抚养费用；

（2）蒋南溪返还唐声已支付的小乐和小花的抚养费 15 万余元；

（3）蒋南溪赔偿唐声精神损失费 5 万元。

本案法律分析

本案的争议焦点是：

（1）唐声多年来为两个孩子支付的抚养费用，应不应该得到返还？

（2）唐声的精神损害赔偿能否得到支持？

针对以上争议焦点，我们认为：

1. 蒋南溪应返还唐声为小乐、小花已支出的抚养费用 15 万余元。

《民法典》第 26 条第 1 款规定："父母对未成年子女负有抚养、教育和保护的义务。"现能证明唐声与小乐、小花二人确不存在亲子关系，唐声对二人不存在抚养义务，蒋南溪及孩子的生父对于唐声构成侵权，因此唐声要求蒋南溪返还抚养费符合法律规定。

根据离婚协议约定，小乐由唐声一人抚养，其开销由唐声一人负担，蒋南溪应将此期间的抚养费全额返还唐声；另离婚协议约定小花由蒋南溪抚养，唐声每月给付抚养费 2000 元至孩子独立生活止，截至唐声起诉时，其已支付蒋南溪11个月的抚养费也应由蒋南溪返还。

2. 蒋南溪存在婚内出轨情形，且造成严重后果，给唐声及家人造成了巨大的伤害，蒋南溪应支付唐声精神损害赔偿金5万元。

《民法典》第1091条规定："有下列情形之一，导致离婚的，无过错方有权请求损害赔偿：（一）重婚；（二）与他人同居；（三）实施家庭暴力；（四）虐待、遗弃家庭成员；（五）有其他重大过错。"《最高人民法院关于适用〈中华人民共和国民法典〉婚姻家庭编的解释（一）》第86条也规定，"民法典第一千零九十一条规定的'损害赔偿'，包括物质损害赔偿和精神损害赔偿"。

夫妻间负有相互忠实的义务，夫妻双方应彼此尊重，谨慎处理异性交友方式，妥善把控异性交往分寸。蒋南溪在与唐声婚姻关系存续期间，隐瞒唐声，与他人发生关系致怀孕生子，蒋南溪有重大过错。唐声在抚养小乐、小花的过程中投入了大量的财力和精力，蒋南溪的行为给唐声造成了极大的精神打击，蒋南溪应支付唐声精神损害赔偿金。

本案法律适用

《民法典》第26条　父母对未成年子女负有抚养、教育和保护的义务。

成年子女对父母负有赡养、扶助和保护的义务。

《民法典》第1091条　有下列情形之一，导致离婚的，无过错方有权请求损害赔偿：

（一）重婚；

（二）与他人同居；

（三）实施家庭暴力；

（四）虐待、遗弃家庭成员；

（五）有其他重大过错。

《最高人民法院关于适用〈中华人民共和国民法典〉婚姻家庭编的解释（一）》第39条 父或者母向人民法院起诉请求否认亲子关系，并已提供必要证据予以证明，另一方没有相反证据又拒绝做亲子鉴定的，人民法院可以认定否认亲子关系一方的主张成立。

父或者母以及成年子女起诉请求确认亲子关系，并提供必要证据予以证明，另一方没有相反证据又拒绝做亲子鉴定的，人民法院可以认定确认亲子关系一方的主张成立。

《最高人民法院关于适用〈中华人民共和国民法典〉婚姻家庭编的解释（一）》第56条 具有下列情形之一，父母一方要求变更子女抚养关系的，人民法院应予支持：

（一）与子女共同生活的一方因患严重疾病或者因伤残无力继续抚养子女；

（二）与子女共同生活的一方不尽抚养义务或有虐待子女行为，或者其与子女共同生活对子女身心健康确有不利影响；

（三）已满八周岁的子女，愿随另一方生活，该方又有抚养能力；

（四）有其他正当理由需要变更。

《最高人民法院关于适用〈中华人民共和国民法典〉婚姻家庭编的解释（一）》第86条 民法典第一千零九十一条规定的“损害赔偿”，包括物质损害赔偿和精神损害赔偿。涉及精神损害赔偿的，适用《最高人民法院关于确定民事侵权精神损害赔偿责任若干问题的解释》的有关规定。

《最高人民法院关于确定民事侵权精神损害赔偿责任若干问题的解释》第5条 精神损害的赔偿数额根据以下因素确定：

（一）侵权人的过错程度，但是法律另有规定的除外；

（二）侵权行为的目的、方式、场合等具体情节；

（三）侵权行为所造成的后果；

（四）侵权人的获利情况；

（五）侵权人承担责任的经济能力；

（六）受理诉讼法院所在地的平均生活水平。

案例30 父亲不尽责，未成年子女如何维护自己的合法权益？

前 言

家是父亲的王国、母亲的殿堂、孩子的乐园。在一个家庭中，父亲和母亲都是需要承担对孩子的抚养责任，只有这样，孩子才能够茁壮健康地成长。可是在现实生活中，如果父母一方不履行自己作为父或母的责任，完全不顾及孩子的成长，这种情况下父母对孩子的抚养权可以自动放弃吗？父母不支付抚养费，未成年子女如何去主张自己的合法权益？父母不抚养子女，子女可以不赡养父母吗？让我们跟随马天与马小天、马小丽的案例，来探寻相关问题的解决之道。

案件纪实

王丽和丈夫马天是2017年在上海打工时认识的，当时的王丽远离家乡来到上海打工，茫茫大上海十里洋场，她一个人初来乍到，举目无亲。直到遇到了马天，让她孤独的生活有了一丝慰藉。马天是上海人，长相帅气，谈吐举止文明有礼貌，王丽很快为马天所倾倒。两人相识一年后，于2018年4月登记结婚。两年后，王丽为马天生下了一对可爱的龙凤胎，对于两个小生命的降生，双方都是十分高兴的。

两个孩子降生以后，马天一直忙于工作，一心想要为孩子们创造更好的生活条件。王丽一个人在家实在无法照顾好自己的一双儿女。于是，王丽带着自己的一双儿女回到了陕西老家，由自己的父母帮助照顾儿女。过了一段时间，丈夫马天也随自己来到陕西，夫妻二人终于在陕西团聚，王丽的父母也放下心来。如此幸福的四口之家实在令人羡慕。

好景不长，过了一段时间，王丽发现丈夫对家庭几乎没有任何责任感，孩子晚上哭闹他根本不管，从来没有主动要求照顾孩子。虽然父母总是说他的工作比较辛苦，就不要让他再为孩子的事情操心了。但是，时间越长，王丽越觉得丈夫实在靠不住，平时赚的钱很少用于承担两个孩子的花销，一家四口的花销都是由自己的父母来负责。长此以往，夫妻之间嫌隙渐生。王丽不止一次地跟丈夫因为这个问题争吵。但是两人经常在父母的“和稀泥”下和好如初。直到一件事的发生，让王丽彻底对丈夫失去了信心。

2020年年初，王丽和马天夫妻二人发现自己年幼的女儿马小丽发育状况较差，平时孩子的状态看起来很不好。于是，经过医院的检查，年幼的女儿竟然患上了脊髓型肌萎缩症。经过多方打听得知，这个病治疗起来十分不容易，而且涉及的费用十分庞大，自己的家庭根本无力负担。孩子生病以后，夫妻二人对于孩子的治疗问题分歧极大，马天与王丽及其父母多次发生难以调和的争吵。多次的争吵终于耗尽了双方的所有耐心，马天从王丽父母家里搬出，没过几天，就回到自己的老家上海生活。自此，夫妻双方分居一直未见，马天也从未对自己的一双儿女支付过任何抚养费用、治疗费用，更未有过父亲应有的关怀。

噩运总是让悲伤的人更加悲伤，2021 年，在医院坚持治疗的马小丽最终还是没能挺过来，孩子离开了疼爱她的母亲和亲人。终于，一直坚强的王丽实在无法接受这样的结果，一下子就病倒了。在父母亲人的帮衬下，体体面面地送走了可爱的孩子。王丽也逐渐缓了过来，她觉得马天这样的人根本不配做父亲，也不配做丈夫。于是，王丽找到律师想要通过法律手段与马天结束这段令人永远不想回忆的婚姻，同时，马天该承担的抚养责任一分钱也不能少。女儿虽然已经走了，但是她还得带着儿子继续生活，自己一定要为儿子争取这份权益。

王丽委托律师起诉后，在法院的审理中，本案经过双方当事人的同意，适用了诉前调解机制。双方在调解下同意解除婚姻关系，马天每月支付孩子抚养费两千元。

本案法律分析

本案中的这种情况在我们的日常生活中是十分普遍的，有时候，夫妻双方因为各种原因导致不和或者离婚。但是孩子是无辜的，不管夫妻之间怎么闹，都应该顾及孩子的感受。那么，实践中如果父母一方不履行自己作为父母的责任，完全不顾及孩子的成长，这种情况下父母对孩子的抚养权可以自动放弃吗？父母不支付抚养费，未成年子女如何去主张自己的合法权益？如果产生这样的情况，孩子的母亲可以代替孩子主张权益吗？

1. 父母一方不履行抚养义务，抚养权可以自动放弃吗？

根据我国《民法典》的相关规定，父母对于子女的抚养权是不会自动放弃的，也不可以放弃。所以无论多长时间不抚养孩子，只要孩子需要抚养，并且父母有抚养能力的，都不会自动放弃抚养权。父母不履行抚养义务的，未成年子女或者不能独立生活的成年子女，有要求父母给付抚养费的权利。父母需要负担子女所必需的一切生活费用，如医疗费、学费等，为子女健康成长和发展提供经济保障，在思想方面也需要对子女进行正确的引导，精心关怀、照料子女，为子女营造安全、健康、幸福的生活条件和氛围。

本案中，马天的一双子女是完全需要马天作为父亲履行抚养责任的，也需要马天按时向孩子们支付抚养费用。同时，马小丽患病期间的相关医疗费用等，马天作为孩子的父亲也是需要承担一部分的。无论马天和王丽的婚姻关系处于何种状态，他作为孩子们的父亲，必须承担抚养责任，必须支付相关的抚养费。

2. 父母不支付抚养费，未成年子女如何去主张自己的合法权益？

根据我国的相关法律规定，成年人为完全民事行为能力人，可以独立实施民事法律行为。未成年子女属于无民事行为能力人（不满 8 周岁）或限制民事行为能力人，不具备诉讼行为能力，也就是说其本人不能直接到法院起诉、不能直接委托律师代理诉讼。根据我国《民事诉讼法》的相关规定，“无诉讼行为能力人由他的监护人作为法定代理人代为诉讼”。也就是说未成年人需要参与诉讼活动的话就必须要由父母作为法定代理人代为进行。父母是未成年子女的监护人。但是实际情况是父亲或母亲一方不尽抚养义务，那么就只能由父母另一方作为未成年子女的法定代理人，代为诉讼或代为委托律师进行诉讼。

本案中的这种情况，马小天和马小丽都是婴幼儿，也都属于未成年人的法律规定范畴。他们的父亲不履行自己作为父亲的法定职责，不支付抚养费和医疗费，他们是完全有权利通过诉讼的形式去主张自己的合法权益的。但是鉴于他们尚未成年，所以，这种情况就只能由孩子们的母亲王丽代为起诉或者委托律师进行诉讼。

3. 父母不抚养子女，子女可以不赡养父母吗？

这的确是社会中讨论比较热烈的问题。对于有些人来说，自己的父母从来没有抚养自己，但是他们老了以后还要自己再来赡养他们，这实在令人难以接受。但是在我国法律上，对于这个问题有明确的规范。最高人民法院在《中华人民共和国民法典婚姻家庭编继承编理解与适用》一书中明确：需要根据父母未履行抚养义务的原因分情况处理：

第一种情况是：如果父母确因经济能力或者其他客观原因（如因犯罪被监禁）未能履行抚养义务，子女成年后主张免除赡养义务的，法院是不予支持的。

第二种情况是：如果父母具有抚养能力而拒不履行抚养义务或者对子女实施虐待、遗弃、故意杀害等行为，情节严重的，可以免除子女的赡养义务。

由此可见，我们国家对于父母不抚养子女，子女是否可以免除赡养义务的规范是非常清晰的。尊老爱幼是中华民族的传统美德，子女是我们的未来，我们需要好好保护；老人是以后的我们，我们需要给予他们十足的尊重和关怀。

本案法律适用

《民法典》第18条 成年人为完全民事行为能力人，可以独立实施民事法律行为。

十六周岁以上的未成年人，以自己的劳动收入为主要生活来源的，视为完全民事行为能力人。

《民法典》第26条 父母对未成年子女负有抚养、教育和保护的义务。

成年子女对父母负有赡养、扶助和保护的义务。

《民法典》第37条 依法负担被监护人抚养费、赡养费、扶养费的父母、子女、配偶等，被人民法院撤销监护人资格后，应当继续履行负担的义务。

《民法典》第1058条 夫妻双方平等享有对未成年子女抚养、教育和保护的权利，共同承担对未成年子女抚养、教育和保护的义务。

《民法典》第1067条 父母不履行抚养义务的，未成年子女或者不能独立生活的成年子女，有要求父母给付抚养费的权利。

成年子女不履行赡养义务的，缺乏劳动能力或者生活困难的父母，有要求成年子女给付赡养费的权利。

《民法典》第1071条 非婚生子女享有与婚生子女同等的权利，任何组织或者个人不得加以危害和歧视。

不直接抚养非婚生子女的生父或者生母，应当负担未成年子女或者不能独立生活的成年子女的抚养费。

《民法典》第1072条 继父母与继子女间，不得虐待或者歧视。

继父或者继母和受其抚养教育的继子女间的权利义务关系，适用本法关于父母子女关系的规定。

《民法典》第1074条　有负担能力的祖父母、外祖父母，对于父母已经死亡或者父母无力抚养的未成年孙子女、外孙子女，有抚养的义务。

有负担能力的孙子女、外孙子女，对于子女已经死亡或者子女无力赡养的祖父母、外祖父母，有赡养的义务。

《民法典》第1075条　有负担能力的兄、姐，对于父母已经死亡或者父母无力抚养的未成年弟、妹，有扶养的义务。

由兄、姐扶养长大的有负担能力的弟、妹，对于缺乏劳动能力又缺乏生活来源的兄、姐，有扶养的义务。

《民法典》第1084条　父母与子女间的关系，不因父母离婚而消除。离婚后，子女无论由父或者母直接抚养，仍是父母双方的子女。

离婚后，父母对于子女仍有抚养、教育、保护的权利和义务。

离婚后，不满两周岁的子女，以由母亲直接抚养为原则。已满两周岁的子女，父母双方对抚养问题协议不成的，由人民法院根据双方的具体情况，按照最有利于未成年子女的原则判决。子女已满八周岁的，应当尊重其真实意愿。

《民法典》第1085条　离婚后，子女由一方直接抚养的，另一方应当负担部分或者全部抚养费。负担费用的多少和期限的长短，由双方协议；协议不成的，由人民法院判决。

前款规定的协议或者判决，不妨碍子女在必要时向父母任何一方提出超过协议或者判决原定数额的合理要求。

《民事诉讼法》第60条　无诉讼行为能力人由他的监护人作为法定代理人代为诉讼。法定代理人之间互相推诿代理责任的，由人民法院指定其中一人代为诉讼。

《老年人权益保障法》第19条　赡养人不得以放弃继承权或者其他

理由，拒绝履行赡养义务。

赡养人不履行赡养义务，老年人有要求赡养人付给赡养费等权利。

赡养人不得要求老年人承担力不能及的劳动。

第八章　离婚后财产分割

案例 31　婚内向“第三者”转账，可以追回吗？

前　言

婚姻是男女双方爱情升华的圣殿和美好归宿，美满的婚姻生活是需要男女双方共同经营、一起努力的。但是，如今社会越来越多的夫妻在婚姻存续期间选择出轨、背叛，在破坏夫妻感情的同时甚至以高额的财产相赠，严重地威胁了家庭的和谐。实践中，对于婚姻关系存续期间向“第三者”转赠夫妻共同财产也是当下社会中热议的话题，那么是否能够通过法律形式追回夫妻一方婚内向“第三者”赠与的相关财产呢？而夫妻共同财产又是如何认定的？婚内向“第三者”赠与财产是否有效？夫妻一方能否主张对于赠与财产的全部追回？让我们跟随白筱雨的案例，一起看看上述问题的解决之道。

案件纪实

白筱雨和武亦林相识相恋在大学，大学期间两人情感甚为甜蜜，羡煞旁人。毕业后二人于2010年8月登记结婚，结婚以后，武亦林因为工作原因经常出差应酬，夜不归宿更是家常便饭。一双儿女几乎是白筱雨一个人拉扯长大。武亦林经常昼伏夜出，两个孩子很难见到自己的父亲，更不要谈任何的陪伴。在这段极度缺乏安全感和信任感的婚姻中，白筱雨一熬就是七八年。于是二人在2018年10月办理了离婚登记。

双方离婚后，白筱雨本以为能够摆脱这段婚姻带给她的不幸。但是，生活总是事与愿违。第三者林诗窈三番五次地给白筱雨发送短信，并告知其与武亦林的关系。经与武亦林核实后，白筱雨才得知在自己与武亦林婚姻关系存续期间，武亦林与林诗窈便保持不正当男女关系。同时武亦林也承认在林诗窈的要求下，在2018年5月至9月分三次共向林诗窈转账200万元。白筱雨得知此事后十分震惊、愤怒、委屈，自己在家里精心抚育子女，协助武亦林工作，但是其不但背叛婚姻还给第三者转账巨额款项。本就对婚姻丧失信心的白筱雨在得知这个消息时更是感到五雷轰顶，婚姻既然已经失败，自己和孩子更不能在经济上受到任何委屈。于是乎，白筱雨在朋友的建议下，试图通过法律武器来维护自己的合法权益。经过朋友介绍，白筱雨决定委托李露律师通过法律途径为自己主张合法权益。2019年5月，白筱雨诉至法院，要求依法确认武亦林赠与林诗窈200万元的行为无效，并要求林诗窈立即向白筱雨返还200万元。

在后期的诉讼阶段，林诗窈辩称："自己以为白筱雨与武亦林于2018年4月已经离婚，武亦林的转账均发生在与白筱雨离婚之后，白筱雨无权主张赠与无效；即使是在婚内转账，白筱雨与武亦林在婚姻关系存续期间各自财务独立，武亦林的银行流水无法反映该存款属于夫妻共同财产，请求法院驳回白筱雨的诉讼请求。”

法院认为：武亦林向林诗窈转账支付的200万元，系其与白筱雨的婚姻关系存续期间向林诗窈的赠与，该赠与是对夫妻共同财产的处分，白筱雨不认可该赠与行为，故该赠与行为无效。林诗窈应当将该款项返还给白筱雨与武亦林。因白筱雨与武亦林离婚登记时约定一方隐瞒、虚报转移的财产将由另一方全部取得，故上述200万元应全部归白筱雨所有。

一审判决后，林诗窈不服并上诉至中院，二审法院认为一审判决认定事实清楚，适用法律正确，最终依法判决驳回上诉，维持原判。

本案法律分析

本案是典型的婚内财产纠纷，在实践中往往体现为婚内向“第三者”转移巨额财产的情况。在实践中普遍存在以下几种问题：（1）婚内向“第三者”赠与财产是否有效？（2）一方婚内向“第三者”赠与的财产，另一方离婚后能否追回；追回份额如何确定？（3）夫妻共同财产该如何认定？

对此，我们结合法律规定和实践经验，为大家做以下总结：

1. 婚内向“第三者”赠与财产是否有效？

经营婚姻本就是需要夫妻双方共同努力、共同维系的，任何一方在夫妻关系存续期间出轨、背叛本就是对夫妻忠实义务的违背。况且在夫妻关系存续期间将巨款赠与他人，于情于理于法均不对，其行为应该受到道德的谴责，同时，这样的行为违反公序良俗、社会公德，因此应认定该赠与行为无效。《民法典》第1062条第2款规定：“夫妻对共同财产，有平等的处理权。”夫妻一方非因日常生活需要而将共同财产无偿赠与他人，严重损害了另一方的财产权益，有违民法上的公平原则，这种赠与行为应属无效。

本案中，白筱雨与武亦林离婚时间的确定应当以婚姻登记机关所记载的时间为准，白筱雨提供的离婚登记审查表、申请离婚登记声明书、离婚协议书足以证明两人于2018年10月才办理的离婚登记手续。该赠与行为发生在双方婚姻关系存续期间，系对夫妻共同财产的处理，未经白筱雨的事后追认应属无权处分，林诗窈不属于善意取得第三方，该赠与行为应属无效。同时，武亦林与白筱雨系合法夫妻，武亦林婚外又与林诗窈建立男女朋友关系，严重伤害了白筱雨的感情及其财产权利。白筱雨含辛茹苦带着孩子，相夫教子，自己的丈夫不但违背夫妻忠实义务，而且将巨款赠与他人，无论从何种角度去认定，都无法令人理解。况且，此种公然挑战正常婚姻秩序的败坏道德底线的行为本就不应推崇，更不应以此来给婚内受害一方平添烦忧。因此应认定该赠与行为无效。

2. 一方婚内向“第三者”赠与财产，另一方离婚后能否追回；追回份额如何确定？

首先可以确定的是，夫妻一方将大额的夫妻共同财产擅自赠与他人，显然侵害了另一方的财产权益，另一方是完全可以主张追回的。但是对于另一方的追回份额该如何认定有不同的观点，第一种观点是：既然是夫妻对共同财产均享有处分权，赠与人在共同财产中自己享有的一半的财产赠与则是有效的，也就是说赠与人将共同财产赠与他人，如果需要受赠人返还的话，受赠人返还也仅需返还二分之一即可。第二种观点则来自最高人民法院的倾向性意见，意见认为，“支持夫妻一方以另一方在婚姻关系存续期间擅自将夫妻共同财产赠与第三者系无效行为，判决返还全部财产”。

而在婚姻关系存续期间，夫妻双方对共同财产具有平等的权利，因日常生活需要而处理共同财产的，任何一方均有权决定，非因日常生活需要对夫妻共同财产做重要处理决定的，夫妻双方应当平等协商，取得一致意见。夫妻一方非因日常生活需要而将共同财产无偿赠与他人，严重损害了另一方的财产权益，有违民法上的公平原则，这种赠与行为应属无效。夫妻共同财产是基于法律的规定，因夫妻关系的存在而产生的。在夫妻双方未选择其他财产制的情形下，夫妻对共同财产形成共同共有，而非按份共有。《民法典》第 299 条规定："共同共有人对共有的不动产或者动产共同享有所有权。"夫妻对共同财产享有平等的处理权，并不意味着夫妻各自对共同财产享有半数的份额。只有在共同共有关系终止时，才可对共同财产进行分割，确定各自份额。

所以，我们不难看出，在本案中白筱雨和武亦林二人夫妻关系存续期间，武亦林向"第三者"林诗窈赠与巨额财产，已经侵犯了夫妻共同财产的完整性，白筱雨是完全有权利追回的。即使他们二人已经离婚，但是这些财产的赠与仍然处于二人的夫妻关系存续期间，所以对于追回份额是完全可以以全部赠与份额如数追回的。

3. 夫妻共同财产该如何认定?

所谓夫妻共同财产，是指受我国《民法典》调整的在夫妻关系存续期间夫妻所共同拥有或取得的财产。根据《民法典》的规定，夫妻在婚姻关系存续期间所得的财产为夫妻共同财产。所谓婚姻关系存续期间是指夫妻结婚后到一方死亡或者离婚之前这段时间，这期间夫妻所得的财产，除约定的外，均属于夫妻共同财产。夫妻对共同所有的财产，有平等的处理权。夫妻一方对夫妻存续期间的财产的处分，需征得配偶的同意。

在本案中，武亦林在婚内向“第三者”林诗窈赠与的200万元的财产明显是属于夫妻共同财产的范畴。这200万元就是武亦林和白筱雨二人的共同财产，双方拥有平等的处理权。武亦林对这200万元的处分未征得白筱雨的同意，其擅自处分行为很显然是对夫妻共同财产的无权处分。

同时根据《民法典》的规定，夫妻共同财产是婚姻关系存续期间的一方或双方取得的财产或收益，具体范围为：（1）工资、奖金，劳务报酬以及以上述财产购置的各类动产、不动产。无论夫妻各方收入多寡，有无收入，均不影响他们对财产的共有权。（2）从事生产、经营、投资的收益。无论从事承包、租赁、股份、个体等经营活动的是夫妻一方还是双方，其生产、经营、投资活动所得收益均为夫妻共同财产。（3）知识产权的收益。一方或双方在婚姻关系存续期间，因著作权、专利权、商标权、发明权、发现权等知识产权取得的相应经济利益，无论权利人是一方或夫妻双方，其收益均属于夫妻共同财产。（4）因继承或赠与所得的财产。无论继承人、受赠人是一方或夫妻双方，其继承和受赠所得财产均属夫妻共同财产，但在遗嘱或赠与合同中确定只归一方的财产除外。（5）一方个人财产投资产生的收益。（6）双方实际取得或者应当取得的住房补贴、住房公积金。（7）双方实际取得或者应当取得的养老保险金、破产安置补偿费。（8）发放到军人名下的复员费、自主择业费等一次性费用的婚姻关系存续期间应得部分为夫妻共有。

本案法律适用

《民法典》第8条 民事主体从事民事活动，不得违反法律，不得违背公序良俗。

《民法典》第153条第2款　违背公序良俗的民事法律行为无效。

《民法典》第299条　共同共有人对共有的不动产或者动产共同享有所有权。

《民法典》第311条　无处分权人将不动产或者动产转让给受让人的，所有权人有权追回；除法律另有规定外，符合下列情形的，受让人取得该不动产或者动产的所有权：

（一）受让人受让该不动产或者动产时是善意；

（二）以合理的价格转让；

（三）转让的不动产或者动产依照法律规定应当登记的已经登记，不需要登记的已经交付给受让人。

受让人依据前款规定取得不动产或者动产的所有权的，原所有权人有权向无处分权人请求损害赔偿。

《民法典》第1042条第2款　禁止重婚。禁止有配偶者与他人同居。

《民法典》第1062条　夫妻在婚姻关系存续期间所得的下列财产，为夫妻的共同财产，归夫妻共同所有：

（一）工资、奖金、劳务报酬；

（二）生产、经营、投资的收益；

（三）知识产权的收益；

（四）继承或者受赠的财产，但是本法第一千零六十三条第三项规定的除外；

（五）其他应当归共同所有的财产。

夫妻对共同财产，有平等的处理权。

案例32 离婚六年后发现丈夫离婚时隐瞒财产该如何处理?

前言

离婚后财产纠纷是家事案件中不可避免要涉及的问题，当今社会经济长足发展，社会公民财富的累积造成离婚后的财产纠纷无论在内容还是形式上都具备相当的复杂性，且成为当前家事案件中的热点问题之一。在现实生活中，往往出现夫妻一方隐瞒财产，导致离婚时一方不知情而对该部分财产未做分割。那么在这种情况下，另一方该如何维护自己的合法权利呢？西安的王韵萍女士的案件便给我们提供了很好的思路。

案件纪实

王韵萍在决定和贺峥离婚的时候，一直以为贺峥一穷二白，两个人没有任何的财产。她和贺峥的婚姻源于年幼时双方父母的劝导，两个人都是农村家庭出身，家里人一直奉行着要早结婚早生子的传统习俗，在两个人刚刚年满法定婚龄的时候，就催促着双方办理了结婚登记手续。

但是这段没有感情基础的婚姻让两个人都万分痛苦，婚后两人没有孩子，也经常不在一起生活。贺峥一年中大半的时间都在外地打工，王韵萍只得自己在家独自生活，两个人形同陌路。终于在2014年的时候，两人协议离婚，离婚时没有孩子，也没有夫妻共同财产。

原本以为今后就一别两宽，各生欢喜。但在2020年4月，王韵萍意外得知贺峥早在2013年7月就购买了西安市某区A房产一套，登记在他一个人的名下，并且完全向王韵萍隐瞒了该房屋存在的事实，还在买房后的第二年有所预谋地向王韵萍提出了离婚。

王韵萍心里无论如何过不去这个坎，两个人虽然感情不深，但好歹携手走过十几年，这期间王韵萍一直在帮贺峥照顾其家人，费尽了心血。贺峥的行为让她失望透顶，最终起诉至法院要求分割涉案房屋，同时因贺峥离婚时的隐瞒行为，诉请法院在分割相关财产时给其不分或者少分。

庭审过程中律师主张该房屋属于夫妻共同财产，在离婚时由于贺峥的隐瞒因此导致二人未予分割，贺峥属于过错方，王韵萍享有要求分割该房屋的权利并且应当对贺峥少分或者不分。

法院在经过审理后，最终采纳了律师意见，认为涉案房屋属于夫妻共有财产，现登记在贺峥名下，因此判决归贺峥所有，贺峥按照房屋目前市场价值向王韵萍补偿房屋折价款70万余元。

王韵萍的合法权益得到了应有的保护，与王韵萍有同样遭遇的人士也可以依法主张自己的权利，合法地维护自己的财产利益。

本案法律分析

我国《民法典》规定，离婚后一方发现另一方在婚内有隐藏、转移、变卖、毁损、挥霍夫妻共同财产，或者伪造夫妻共同债务企图侵占另一方财产的，可以向人民法院提起诉讼，请求再次分割夫妻共同财产。

在本案中，该房屋取得于双方婚姻关系存续期间，由于双方之间并不存在财产约定，因此该房屋属于夫妻共同财产，在离婚时就应依法分割。因贺峥隐瞒涉案房屋存在的事实，王韵萍对此并不知情，导致离婚协议书中对涉案房屋并未提及和分割，侵犯了王韵萍的财产权益，根据相关法律规定，该房屋在分割时应给贺峥不分或少分。

本案法律适用

《民法典》第1062条 夫妻在婚姻关系存续期间所得的下列财产，为夫妻的共同财产，归夫妻共同所有：

（一）工资、奖金、劳务报酬；

（二）生产、经营、投资的收益；

（三）知识产权的收益；

（四）继承或者受赠的财产，但是本法第一千零六十三条第三项规定的除外；

（五）其他应当归共同所有的财产。

夫妻对共同财产，有平等的处理权。

《民法典》第1092条 夫妻一方隐藏、转移、变卖、毁损、挥霍夫妻共同财产，或者伪造夫妻共同债务企图侵占另一方财产的，在离婚分割夫妻共同财产时，对该方可以少分或者不分。离婚后，另一方发现有上述行为的，可以向人民法院提起诉讼，请求再次分割夫妻共同财产。

PART 03

第三部分

拆迁特别篇

第九章　拆迁安置权益

案例 33　离婚后，应如何分割拆迁安置利益？

前　言

时代的快速发展，加快了城市化进程。在城市化发展过程中，拆迁安置成了一个全民热议的话题。与此同时，在拆迁安置过程中涌现出了诸多问题，家庭户内拆迁安置利益分配问题即是典型代表，基于夫妻关系而引发的拆迁安置利益纠纷也越来越多。当婚姻走向终结，拆迁安置利益作为家庭共有财产，应如何分割呢？让我们以杨宝盛的案件为例，来看看法院是如何分割拆迁安置利益的。

案件纪实

杨宝盛与焦颂荣二人经人介绍认识，两人于 2014 年 10 月登记结婚，两人均系再婚。杨宝盛与前妻育有一子一女，焦颂荣与杨宝盛结婚后将户口迁至杨宝盛家，与杨宝盛一家一起生活。杨宝盛与焦颂荣婚初感情较好，后因家庭琐事，夫妻关系出现裂痕，矛盾愈演愈烈。于是乎，在2020年6月，两人开始分居生活，直至2021年1月两人正式离婚。2021年3月，焦颂荣将杨宝盛及其儿女、外孙诉至法院，要求分割杨宝盛户下的拆迁安置利益。

原来，杨宝盛家所在村于2015年5月拆迁，2015年11月杨宝盛作为户主与拆迁部门签订拆迁安置协议书，该户成员共有杨宝盛、杨宝盛的儿子、女儿、杨宝盛的外孙及焦颂荣五人。后期相关部门给杨宝盛家共分配安置房屋四套，面积分别为100平方米、90平方米、80平方米和70平方米，其他补偿项目资金合计为45万元。

案件进入诉讼阶段后，双方各执一词、争辩不下，均主张自己的相关权益受到了侵犯。

焦颂荣诉称：自己与杨宝盛登记结婚后，对房屋进行了加盖，加盖房屋时既出钱又出力。婚内杨宝盛与焦颂荣户籍所在地遇政府拆迁，拆迁协议中约定了杨宝盛户下自己应享有的拆迁安置各项权益。现杨宝盛与自己已经离婚，要求杨宝盛返还自己应得的拆迁安置权益，将80平方米的A房屋一套、20平方米商业用房的收益权判归自己所有，并返还各项安置补偿费用。

杨宝盛辩称：焦颂荣与自己在婚内未建房，宅基地也没有焦颂荣的份额，焦颂荣要求分割无事实依据。焦颂荣主张的房屋已经装修，且面积大于65平方米，不同意将此房屋分给焦颂荣。其他面积的安置房，自己可以给焦颂荣，但是焦颂荣应按照65乘以1500的价格补差价，多出的面积需要按照市场价格大概每平方米8500元补差价。面积为70平方米的B房屋自己装修花了将近5万元，而面积为80平方米的A房屋装修共花了约 15 万元，焦颂荣在要房子时应当将装修款一并给付。

在一审法院的认定过程中，法院认为：公民的财产权受法律保护。焦颂荣的户籍登记在杨宝盛家庭户上，焦颂荣作为杨宝盛家庭成员，婚姻关系存续期间对于建房作出了贡献，应得到相应的利益分配。最终法院判决如下：

（1）位于西安市某区 80 平方米 A 房屋一套归焦颂荣所有，杨宝盛方配合其办理变更手续，焦颂荣支付杨宝盛房屋面积差价 3 万元；

（2）杨宝盛向焦颂荣支付房屋补偿费、附着物补偿费、未建奖励费、未装修奖励费、自行过渡补助费、生活补贴、商铺收益补贴、采暖补贴、搬家费、第一奖励期费、清零奖励费、毛坯房补偿费共计 15 万元；

（3）焦颂荣享有拆迁获得的 20 平方米生产生活补贴用房的收益权。

一审判决做出后，杨宝盛和其家人感到万分委屈，他们认为焦颂荣未对建房作出任何贡献，而且位于西安市某区 80 平方米 A 房屋是由杨宝盛的女儿从 2020 年 9 月起居住至今，家中不仅有孩子还有行动困难的老人，一审判决将此房屋判归焦颂荣于法无据，为此特地找到了律师，希望能够在二审中得到法律的支持。

在二审庭审中，由于双方曾是共同生活的夫妻，尚有感情存在，因此律师在阐明了本案的基本事实和法律关系后，根据杨宝盛的意愿积极促成双方调解，为当事人争取最大限度的利益，最终该案在法官公平、公正的主持下达成调解协议如下：

（1）西安市某区 70 平方米的 B 房屋归焦女士所有，杨宝盛及家人配合焦颂荣办理该套房屋产权相关的变更手续。

（2）杨宝盛一次性向焦颂荣支付各项拆迁安置补偿费用合计 5 万元；

（3）焦颂荣享有拆迁获得的 20 平方米生产生活补贴用房的收益权；

（4）双方就杨宝盛所在户内涉及的全部拆迁安置房屋及其他所有拆迁安置权益再无任何争议。

至此，该案终于告一段落。杨宝盛在调解时当场向焦颂荣给付了补偿费用及房屋钥匙、天然气、水卡、电卡，双方就拆迁安置权益再无任何争议。杨宝盛女儿所居住80平方米的精装房屋在二审中未被分割给焦颂荣，也让杨宝盛及家人了却了一桩心事。

本案法律分析

城市拆迁安置及利益分配是近年来城市化过程中催生出的新型案例。在当前的司法实务中，对于杨宝盛与焦颂荣这种特殊的共同财产的分割是非常具有代表性和参考意义的。那么，本案中焦颂荣是否应当分得相应的拆迁安置利益呢？她的诉请是应当全部支持的吗？

让我们看看本案的代理意见：

1. 涉案的被拆迁房屋于双方婚前建成，婚内拆迁，拆迁安置协议上有焦颂荣的名字，其应当根据拆迁安置政策，享有与人口数相对应的拆迁安置利益即65平方米安置住宅面积和20平方米经营性用房收益权，但是由于其对建房和装修无任何贡献，因此其无权要求原房屋的房屋补偿费、附着物补偿费、未建奖励费、未装修奖励费等其他安置权益。

如果忽视原实际房屋所有权人的贡献，简单按照人口基数搞平均，造成没有建造房屋、不享有房屋所有权的成员，与合法建造了房屋、取得房屋所有权的成员取得同样的安置利益，既不符合事实，也有违公平原则。

2. 一审法院将位于西安市某区80平方米A房屋判归焦颂荣于法无据，应予以纠正。

根据《民法典》第304条之规定："共有人可以协商确定分割方式。达不成协议，共有的不动产或者动产可以分割且不会因分割减损价值的，应当对实物予以分割；难以分割或者因分割会减损价值的，应当对折价或者拍卖、变卖取得的价款予以分割。共有人分割所得的不动产或者动产有瑕疵的，其他共有人应当分担损失。"案涉80平方米A房屋，杨宝盛的女儿从2020年9月起居住使用至今，家中不仅有孩子还有行动困难的老人，应在保障其作为被拆迁人的居住权利再结合房屋现状、房屋使用情况下，按照有利于房屋居住使用、便利生活、减少双方矛盾等因素确定该房屋所有权应归属于杨宝盛的女儿所有。一审判决将此房屋判归焦颂荣，既不符合客观事实也有悖常理，更是给双方增加了不必要的经济负担。

3. 一审判决将案涉80平方米A房屋判归焦颂荣所有，但却遗漏焦颂荣应支付房屋装修款。

一审庭审对于装修费用，仅仅向杨宝盛询问花费的数额并未告知杨宝盛可就该费用提出反诉，更未给予杨宝盛提供装修证据的救济机会，增加了当事人诉累，加剧双方的矛盾。二审法院应对房屋装修费用进行裁决，判令焦颂荣进行相应的给付。

本案法律适用

《民法典》第298条　按份共有人对共有的不动产或者动产按照其份额享有所有权。

《民法典》第303条　共有人约定不得分割共有的不动产或者动产，以维持共有关系的，应当按照约定，但是共有人有重大理由需要分割的，可以请求分割；没有约定或者约定不明确的，按份共有人可以随时请求分割，共同共有人在共有的基础丧失或者有重大理由需要分割时可以请求分割。因分割造成其他共有人损害的，应当给予赔偿。

《民法典》第304条 共有人可以协商确定分割方式。达不成协议，共有的不动产或者动产可以分割且不会因分割减损价值的，应当对实物予以分割；难以分割或者因分割会减损价值的，应当对折价或者拍卖、变卖取得的价款予以分割。

共有人分割所得的不动产或者动产有瑕疵的，其他共有人应当分担损失。

《民法典》第308条 共有人对共有的不动产或者动产没有约定为按份共有或者共同共有，或者约定不明确的，除共有人具有家庭关系等外，视为按份共有。

案例34 离婚后，还可以要婚内的拆迁安置补偿款吗？

前言

随着城市化的不断扩展和加深，“房屋拆迁”成了多年来社会的热点关注问题，也成了很多矛盾纠纷产生的源头。关于房屋拆迁的纠纷，不仅仅局限于拆迁人与被拆迁人之间，在家事领域，往往被拆迁人之间也存在诸多矛盾。比如，夫妻婚内拆迁的房子，拆迁补偿款打到了一人名下，那么另一方在离婚后，还能不能请求这部分补偿款呢？让我们跟随蒋雯雯的案例，一起来看看。

案件纪实

蒋雯雯实在没想到，自己有朝一日会将前夫一家告上法庭。

2003 年，蒋雯雯和自己的前夫路明宇于西安相识，很快便确定了恋爱关系，并于同年 7 月登记结婚。婚后一段时间内夫妻感情很好，2005 年 8 月，他们家里迎来了新生命——女儿笑笑。

因为生活比较拮据，再加上为了方便照顾女儿，蒋雯雯一家人一直居住在丈夫路明宇户口所在的城中村内，与路明宇的父母住在一起，并且将户口都迁了进来。

一家人其乐融融地在这里生活了很多年，直到 2013 年 3 月，他们所居住的城中村面临拆迁。拆迁以户口为基础，约定每户每人每月都有相应的补助。路明宇的父亲作为户主，同该村的拆迁办公室签订了《拆迁安置协议书》，领取了家庭内全部人员的补助，包括蒋雯雯和女儿笑笑的。

路老先生领取了全部的补助后，并没有在家里进行分割。蒋雯雯基于大家都是一家人的想法，也没有好意思向自己的公公索要。

直到 2015 年，蒋雯雯和路明宇因频繁的争吵导致感情破裂，双方都不愿意再维系这段感情，便决定协议离婚。离婚时蒋雯雯提起了这件事，因此两人便约定："婚后女方应得的全部财产（包括集体分红、拆迁安置过渡费补偿和独生子女费）均归女方所有，男方配合协助女方取得相应利益，且婚生女笑笑由女方抚养。"

至此两人也算是和平地走过了分手，但是让蒋雯雯没想到的是，离婚后路明宇只如约支付她和女儿的拆迁安置过渡费至 2018 年 2 月，之后便一直拖欠，足足积累到了 3 万余元。蒋雯雯一个人带孩子，花销总是较多的，这笔钱对她非常重要，为此蒋雯雯多次和路明宇沟通，均无果。对方总是持续性地拖延、欺骗，让蒋雯雯心灰意冷。为了维护自己和女儿的合法权益，最终蒋雯雯选择诉至法院，要求路家依法支付拆迁安置过渡费等相应补偿。

本案在诉诸法院后，也许是出于亏心，路老先生和路明宇均未出席庭审，法院在经过合法的送达程序后，依法缺席审理，根据蒋雯雯出示的证据查明了上述案件事实，并采纳了律师的意见，依法做出如下判决：

判决路明宇家庭返还蒋雯雯从2018年2月至2020年7月的过渡费三万余元，生活补助六千余元，2018年、2019年年终租地款三千余元等相应利益。

该案一审生效，双方均未上诉，现该案件已执行完毕。

本案法律分析

本案案件焦点为：路老先生所领取的拆迁安置补偿待遇是否应予以返还?

针对以上焦点，我们认为：

1. 蒋雯雯和女儿笑笑作为西安市某村的村民，在该村拆迁改造中属于被拆迁农业人口，享有相应的拆迁安置补偿待遇。且路明宇家庭和城中村改造工作领导小组对蒋雯雯和女儿笑笑作为被拆迁安置人口的事实也是认可的，只是因为双方产生矛盾，路明宇家庭才拒付蒋雯雯上述款项，于理于法有悖。

2. 蒋雯雯和女儿笑笑作为被拆迁安置人口，在过渡期内依法享有领取过渡费和生活补助的权利，一直以来她们享有的上述款项均由路明宇家庭领取。但在2015年双方离婚后，蒋雯雯和路明宇之间的家庭共有基础丧失，路明宇家庭无权再占有蒋雯雯和女儿笑笑的过渡费、生活补助及集体分配款，路明宇家庭有向蒋雯雯返还上述款项的义务。

本案法律适用

《民法典》第985条 得利人没有法律根据取得不当利益的，受损失的人可以请求得利人返还取得的利益，但是有下列情形之一的除外：

（一）为履行道德义务进行的给付；

（二）债务到期之前的清偿；

（三）明知无给付义务而进行的债务清偿。

案例35 丧偶农村妇女是否享有拆迁安置利益？

前 言

随着我国城市化进程的不断推进，各地也在不断加大对“城中村”的改造。然而随着拆迁工作的不断进行，如何分割拆迁安置利益的矛盾也随之凸显出来。我们常遇到的，就是丧偶农村妇女的拆迁安置权益得不到保障，那么丧偶农村妇女是否享有相应的拆迁安置权益呢？让我们跟随毕雯婷的案件来一起了解下。

案件纪实

毕雯婷和丈夫申俊韬结婚的时候，为了以后生活方便，女方便将自己的户口迁到了申俊韬所在的村子，户主是婆婆吴女士，一家人作为村集体成员，在村子里生活了多年。2004年，毕雯婷和申俊韬生了孩子小申，孩子户口也是落户到婆婆吴女士的户内。

2012年6月，申俊韬的村子开始进行城中村改造，每家每户都要拆迁，根据拆迁政策，拆迁以户为单位，每位村民享有人均最低65平方米的安置政策和每人18平方米的经营性用房面积。婆婆吴女士作为户主与拆迁安置单位签订《拆迁安置协议》，户内安置人口为：吴女士、申俊韬、毕雯婷、小申共计四人。2015年4月，毕雯婷家共安置回迁房屋两套，其中稍小的906室由婆婆公公居住，稍大的508室由毕雯婷一家三口居住。

原本日子就这样和和美美地过着，却不料天有不测风云，2016年10月申俊韬不幸病故，也未留有遗嘱，给这个三口之家带来了重创。毕雯婷强忍着悲痛，在处理好申俊韬的丧事后，一个人带着孩子，继续留在家中生活。就这样又过了几年，2020年因为父亲常年有病，毕雯婷经常回去照顾，没想到此举使得婆婆吴女士心生疑虑，认为毕雯婷年轻，早晚会再婚，不由得经常在家与毕雯婷争吵。2021年4月底，婆婆吴女士趁毕雯婷不在家时，突然将房门换锁，导致毕雯婷无法正常回家居住。这套房屋是毕雯婷的唯一居所，她除了这里没有其他地方可以去。为了能够回家，毕雯婷多次与婆婆吴女士协商，但均无果。无奈之下毕雯婷将吴女士诉至法院，要求：（1）确认毕雯婷和儿子小申享有城中村拆迁安置房屋面积130平方米。（2）安置经济发展用房面积（36平方米）收益由毕雯婷和小申自行享有领取。（3）判令吴女士向毕雯婷返还自行过渡补助费20万元。（4）依法分割属于申俊韬的拆迁安置份额。

案件受理后，婆婆吴女士辩称：涉案拆迁安置房屋住宅部分与毕雯婷和申俊韬并无关联，其无权享有房产份额。按照拆迁协议，毕雯婷仅享有4平方米安置经济发展用房的收益权，但集体经营的商铺目前尚未交付营业，该收益也并未实际发放。而小申并无任何起诉的意愿，小申上学期间的生活及学杂费均由吴女士支出。故请求驳回毕雯婷的诉讼请求。

对此，律师认为毕雯婷与丈夫申俊韬及儿子小申作为村民，享有拆迁安置权益，对此须予以认定与分配，理由共有四点：

1. 依据《西安市城中村改造管理办法》（于2014年11月1日失效）第38条第3款与涉案《拆迁实施方案》第3条以及《拆迁奖励优惠办法》的规定，村民享有人均最低65平方米的安置政策和每人可享受18平方米的商业房。毕雯婷因结婚落户在被告吴女士户内，其与申俊韬和儿子小申均系该村集体经济组织成员，故享有人均最低65平方米安置房屋面积和18平方米商业房的权益。

2. 根据涉案《拆迁实施方案》（第12条）及西安市拆迁政策，本次拆迁是以户为单位，一户签订一份《拆迁安置协议》。涉案《拆迁安置协议》载明：吴女士户内共在册农户四人，为吴女士、申俊韬、毕雯婷、小申。按照涉案《拆迁实施方案》第3条，房屋安置按“拆一安一，互找差价”的标准执行，吴女士户安置房屋面积为350.2平方米。申俊韬、毕雯婷、小申作为家庭成员，属于被拆迁对象，故其在吴女士户内安置房屋面积中享有相应的拆迁安置权益。

3. 根据涉案《拆迁实施方案》第3条和《拆迁奖励优惠办法》及《拆迁安置协议》备注栏的内容，补偿安置依据为合法宅基地内二层以下（含二层）的房屋及原农户内原农业人口，保证村民享有人均最低65平方米住宅和18平方米商业房，并未要求在户内的所有人口均在被拆迁的宅基地上拥有房产。故毕雯婷、申俊韬、小申应享有人均不少于65平方米住房和18平方米经济发展用房。

4. 根据涉案《拆迁实施方案》第8条以及《拆迁安置协议》中过渡

费分配和领取情况，案涉房屋从2014年5月22日至2021年1月28日的过渡费为386，370元，毕雯婷、申俊韬、小申作为户内共同生活的家庭成员亦享有分配的权益。

但是出乎律师和毕雯婷意料的是，一审法院在审理后，对于律师的意见仅给予部分认可，一审法院认为：毕雯婷未参与建设原房屋，亦未提交申俊韬参与房屋建设的相关证据。尽管拆迁安置方案中规定被拆迁农业人口人均安置面积原则上不少于65平方米。但就本案被安置房屋而言，该户内有无毕雯婷，均不影响安置房屋的面积。即使吴女士户内仅有一人，其享有的安置房屋面积也不会减少。故对毕雯婷主张130平方米的安置权利，不予支持。关于毕雯婷主张的每人18平方米商业房一节，法院仅认可毕雯婷和小申享有政府无偿提供的商业房各4平方米。对于婆婆用被拆迁房屋住宅面积置换的32平方米商业房，二人无权享有。最后，因申俊韬去世前未留遗嘱，故其享有的营业房面积中属个人财产部分作为其遗产按照法定继承处理。即由继承人毕雯婷、小申、吴女士及吴女士的丈夫老申继承。关于过渡费一节，案涉房屋拆迁安置的过渡费系按照安置面积计算而来。结合前述安置面积与毕雯婷和小申无关，故毕雯婷要求返还过渡费的主张，也被法院予以驳回。

在得知该判决结果后，毕雯婷与律师一时间都无法接受，毕雯婷婚后长期与公婆共同生活，其对家庭作出了很大贡献。丈夫申俊韬的突然离世，给毕雯婷也造成了十分沉重的打击，她虽然内心万分痛苦与伤心，但一直强忍悲痛、振作精神继续履行儿媳义务，照顾孩子和老人。本案诉讼源于吴女士将涉案房屋门锁更换导致毕雯婷无法归家被迫提起，实属无奈之举。而一审法院的判决径直剥夺毕雯婷的拆迁安置权益，让毕雯婷和律师都无法接受。在律师的大力支持下，毕雯婷收拾好心情，提起了上诉。

所幸，二审法院在开庭查明案件事实的基础上，全面采信了律师的意见，支持了毕雯婷的上诉请求，裁定对该案发回重审，并在裁定书中写道：本院认为，本案系因拆迁安置引起的分家析产纠纷，确定当事人是否享有拆迁安置相关权益，应根据《拆迁实施方案》《拆迁奖励优惠办法》中对拆迁安置政策的规定，以及《西安市城中村（棚户区）改造房屋拆迁安置协议书（住宅）》中内容确定。本案中，毕雯婷、小申、申俊韬均为被拆迁的村民，户籍登记在吴女士户内，根据拆迁安置及奖励政策的相关规定，毕雯婷与小申二人作为吴女士户内的家庭成员，享有人均65平方米的安置住房权益。但一审法院以毕雯婷对吴女士户原房屋建设未作出贡献，且吴女士户选择了"拆一还一"进行安置，故安置权益与毕雯婷、小申无关为由，驳回了毕雯婷、小申二人对安置住房享有的权益属认定错误，并导致本案主要事实不清。请一审法院在重审时，认定毕雯婷、小申享有吴女士户内拆迁安置权益的同时，根据毕雯婷、小申对原房屋建设未作出贡献的事实，按照安置住房的综合成本造价确定毕雯婷、小申向吴女士支付房屋面积对价款；被继承人申俊韬作为吴女士签订的《西安市城中村（棚户区）改造房屋拆迁安置协议书（住宅）》中家庭成员及村民，同样享有安置政策所规定的相关住房安置权益，因此申俊韬享有的安置住房权益应作为其遗产进行分配，一审法院未认定申俊韬享有安置住房权益亦属认定错误。另确认被继承人申俊韬遗产份额时，还应查明其对原房屋建设是否作出贡献的事实确定被继承人申俊韬应否支付房屋对价款，在此基础上对被继承人申俊韬的遗产一并处理；对于过渡补助费，请一审法院进一步查明毕雯婷、小申、申俊韬的过渡期间，以及过渡补助费是否在共同生活中被花费的事实，根据查明的事实确定过渡补助费如何分配。综上，请一审法院综合考虑上述具体情况，以及涉案房屋的装修问题，依法公正裁判。

拿到此份裁定书后，毕雯婷十分激动，自己的权益在不断地争取下，终于得到了维护。不久，该案重审判决结果下来了，具体判决如下：确认在吴女士与改造项目指挥部签订的《西安市城中村（棚户区）改造房屋拆迁安置协议书（住宅）》中，毕雯婷享有6.67平方米的营业房权益；毕雯婷享有65平方米的拆迁安置房屋一套（由毕雯婷在未选定的两套中先选择一套）；在办理完毕65平方米的拆迁安置房屋一套安置手续后，毕雯婷应即时向吴女士支付房屋折价款127,850元。

本案法律分析

本案的争议焦点为，毕雯婷和小申是否享有拆迁安置补偿相关利益，是否有权主张营业用房面积和过渡费？对此，我们认为：

一、毕雯婷、申俊韬、小申依法享有拆迁安置补偿相关权益

1. 毕雯婷、申俊韬、小申人均享有不少于65平方米安置住房面积。毕雯婷与申俊韬2000年登记结婚，婚后户口即迁入吴女士户，2004年小申出生，其户口性质均为农业户籍。2011年10月吴女士作为户主签订《拆迁安置协议》，毕雯婷、申俊韬、小申作为家庭户内人口被确认为合法被拆迁人，依法享有相应拆迁安置的权利。《拆迁安置协议》是根据被拆迁房屋及家庭人口情况所签订，对户内家庭成员全部进行了拆迁安置，吴女士一户安置补偿获得的安置住房面积及商业用房权益中均包含毕雯婷、申俊韬、小申所享有的份额。

2.《西安市城中村改造管理办法》第38条第3款规定“实行房屋产权调换的，以转户前城中村在册户籍人口为依据，人均建筑安置面积原则上不少于65平方米，并结合原房屋产权建筑面积进行安置”，且涉案《拆迁实施方案》第3条及《拆迁奖励优惠办法》第2条第1项中都规定有“集体土地范围内被拆迁人合法宅基地内二层以下（含二层）的房屋为安置面积依据；农户安置面积达不到人均65平方米的需补足人均65平方米”的内容。故而，确定安置住房面积的依据，需要综合原房屋面积以及农户家庭成员身份两个方面考虑，并非单纯以原房屋面积作为拆迁补偿安置依据。房屋产权调换时必须保证户内农业户籍人口每人至少应分得65平方米的安置住房面积。

3. 在安置房选择方式确定过程中，通常情况下被拆迁户内的成员为了利益最大化，会根据自身情况权衡哪一种方案可获得最多的安置住房面积。如果本户人口数量较多，则选择按人口基数计算。如果按原房屋核算出所对应的安置住房面积较多，则选择第二种方式。但无论哪一种情况下，均不能损害被拆迁人原本有机会取得的利益。如此才不会造成利益失衡，也符合公平原则。

二、毕雯婷和小申有权主张营业用房面积和过渡费

本案一审法院查明政府无偿安置的商业房为6平方米，但是对于被继承人申俊韬去世后作为其遗产进行分割的营业房面积到底是多少，又是如何计算与分配的未有任何说明，应当在给予毕雯婷和小申应有营业用房面积的基础上，对被继承人申俊韬的遗产一并处理，以免诉累。

而过渡费的金额仅是参考房屋面积计算，过渡费的实质是房屋拆迁单位在拆迁安置房屋交付前，支付给被拆迁人用于解决临时居住问题的费用，被拆迁户内成员均有权享有过渡费。因此，吴女士应向毕雯婷和小申返还其已领取的过渡费，同时对被继承人申俊韬享有过渡费的部分作为遗产进行分配。

温馨提示

男女平等是我国的基本国策。《宪法》第48条第1款明确规定："中华人民共和国妇女在政治的、经济的、文化的、社会的和家庭的生活等各方面享有同男子平等的权利。"妇女与男子享有同等的财产权利，该权利不能被剥夺。但是在现实生活中尤其是在农村地区、偏远地区，基于"重男轻女""嫁出去的姑娘泼出去的水"等思想的影响，妇女的财产权经常受到歧视和排斥。针对这些现实问题，2023年1月1日起施行的2022年修订的《妇女权益保障法》明确：

1. 国家保障妇女享有与男子平等的财产权利。

2. 村民自治章程、村规民约，村民会议、村民代表会议的决定以及其他涉及村民利益事项的决定，不得以妇女未婚、结婚、离婚、丧偶、户无男性等为由，侵害妇女在农村集体经济组织中的各项权益。

3. 增加妇女土地及相关权益的规定，特别是在农村集体经济组织成员身份确认、土地承包经营、宅基地使用等方面增加了相关保护措施，回应了妇女权益保护中的"老大难"问题，将有力保障农村妇女生存和发展的基本权利。

本案法律适用

《民法典》第299条 共同共有人对共有的不动产或者动产共同享有所有权。

《民法典》第300条 共有人按照约定管理共有的不动产或者动产；没有约定或者约定不明确的，各共有人都有管理的权利和义务。

《民法典》第301条　处分共有的不动产或者动产以及对共有的不动产或者动产作重大修缮、变更性质或者用途的，应当经占份额三分之二以上的按份共有人或者全体共同共有人同意，但是共有人之间另有约定的除外。

《民法典》第302条　共有人对共有物的管理费用以及其他负担，有约定的，按照其约定；没有约定或者约定不明确的，按份共有人按照其份额负担，共同共有人共同负担。

《民法典》第303条　共有人约定不得分割共有的不动产或者动产，以维持共有关系的，应当按照约定，但是共有人有重大理由需要分割的，可以请求分割；没有约定或者约定不明确的，按份共有人可以随时请求分割，共同共有人在共有的基础丧失或者有重大理由需要分割时可以请求分割。因分割造成其他共有人损害的，应当给予赔偿。

《民法典》第304条　共有人可以协商确定分割方式。达不成协议，共有的不动产或者动产可以分割且不会因分割减损价值的，应当对实物予以分割；难以分割或者因分割会减损价值的，应当对折价或者拍卖、变卖取得的价款予以分割。

共有人分割所得的不动产或者动产有瑕疵的，其他共有人应当分担损失。

《民法典》第1127条　遗产按照下列顺序继承：

（一）第一顺序：配偶、子女、父母；

（二）第二顺序：兄弟姐妹、祖父母、外祖父母。

继承开始后，由第一顺序继承人继承，第二顺序继承人不继承；没有第一顺序继承人继承的，由第二顺序继承人继承。

本编所称子女，包括婚生子女、非婚生子女、养子女和有扶养关系的继子女。

本编所称父母，包括生父母、养父母和有扶养关系的继父母。

本编所称兄弟姐妹，包括同父母的兄弟姐妹、同父异母或者同母异父的兄弟姐妹、养兄弟姐妹、有扶养关系的继兄弟姐妹。

《民法典》第1128条 被继承人的子女先于被继承人死亡的，由被继承人的子女的直系晚辈血亲代位继承。

被继承人的兄弟姐妹先于被继承人死亡的，由被继承人的兄弟姐妹的子女代位继承。

代位继承人一般只能继承被代位继承人有权继承的遗产份额。

《民法典》第1130条 同一顺序继承人继承遗产的份额，一般应当均等。

对生活有特殊困难又缺乏劳动能力的继承人，分配遗产时，应当予以照顾。

对被继承人尽了主要扶养义务或者与被继承人共同生活的继承人，分配遗产时，可以多分。

有扶养能力和有扶养条件的继承人，不尽扶养义务的，分配遗产时，应当不分或者少分。

继承人协商同意的，也可以不均等。

《民法典》第1131条 对继承人以外的依靠被继承人扶养的人，或者继承人以外的对被继承人扶养较多的人，可以分给适当的遗产。

《民法典》第1132条 继承人应当本着互谅互让、和睦团结的精神，协商处理继承问题。遗产分割的时间、办法和份额，由继承人协商确定；协商不成的，可以由人民调解委员会调解或者向人民法院提起诉讼。

《民法典》第1153条 夫妻共同所有的财产，除有约定的外，遗产分割时，应当先将共同所有的财产的一半分出为配偶所有，其余的为被继承人的遗产。

遗产在家庭共有财产之中的，遗产分割时，应当先分出他人的财产。

《民法典》第1156条　遗产分割应当有利于生产和生活需要，不损害遗产的效用。

不宜分割的遗产，可以采取折价、适当补偿或者共有等方法处理。

《民法典》第1157条　夫妻一方死亡后另一方再婚的，有权处分所继承的财产，任何组织或者个人不得干涉。

案例36　未成年人是否享有拆迁安置利益?

前　言

房屋拆迁是国家的工业化、城市化以及社会转型必然要经历的过程，近几年来随着我国经济社会的发展，房屋拆迁的行为越来越普遍，很多家庭都出现了巨额拆迁利益的纠纷。其中，未成年家庭成员由于民事行为能力的不完全，其合法利益往往在家庭中得不到最好的保护。那么，当未成年人应得的拆迁利益受到侵害时，我们要如何维护呢？让我们跟随甄晓晓的案例，一起来看看。

案件纪实

甄晓晓是个出生在五福村的初中女孩，她的父母甄敬文和秦珂于2009年相识，2010年登记结婚，2011年生育甄晓晓。五福村是母亲秦珂的户口所在村，于是晓晓的户口也自然地落在了这里。晓晓的外公秦老先生和老伴在五福村有自建的房屋，于是之后的许多年，晓晓和父母都与秦老先生共同居住在五福村的自建房里。

2015 年，五福村要进行城中村拆迁，拆迁以户口为单位，户口在五福村的村民都依法享有相应的份额，因此甄晓晓也在其中。发放补偿款时，秦老先生代表户内家庭成员领取了所有的拆迁补偿款，其中晓晓的份额共计有 30 万余元。

秦老先生领取钱款后，并未进行分割。晓晓年纪还小，并不懂得这些事情，而父亲甄敬文认为大家原本就是一家人，害怕与老丈人伤了和气，因此也一直没有帮晓晓索要。

但是好景不长，2018 年，甄敬文和秦珂感情破裂，双方挣扎之后最终选择通过法院诉讼离婚，并于 2019 年取得民事调解书，内容为双方自愿解除婚姻关系，晓晓由父亲甄敬文抚养。

双方离婚后，甄敬文认为当初秦老先生所取得的包括晓晓在内的拆迁安置补偿款应该予以分割，将晓晓所拥有的 30 万余元部分归还给晓晓。但是这个请求遭到了秦老先生的拒绝。

秦老先生认为：在甄敬文与秦珂离婚前，甄晓晓一直随秦珂及秦老先生共同生活，甄敬文不曾支付孩子抚养费。2015 年村组拆迁后一家人在外租房居住生活，分配的过渡费、拆迁赔偿款已经用于家庭开支、日常生活。甄敬文要求返还这部分钱款是没有依据的。

由于双方诉求差距过大，几次就此事的沟通均无果。最终甄敬文无奈诉至法院，要求秦老先生返还晓晓所应有的份额。

法院在经过审理后，认为按照拆迁安置协议，甄晓晓作为该村村民应当享受拆迁安置利益，现甄敬文作为甄晓晓的监护人，要求秦老先生返还拆迁款30万余元的诉讼请求，应予支持。对秦老先生辩称的甄晓晓自拆迁后一直随自己生活，过渡费已用于甄晓晓生活的抗辩理由，法院认为该过渡费系国家给予村民的拆迁待遇，不应与甄晓晓监护人对其履行抚养义务相互抵销，因此最终判决：秦老先生返还甄晓晓拆迁补偿款30万余元。

本案法律分析

本案的争议很简单，即秦老先生是否应返还30万余元拆迁安置补偿款。

针对这类案件的争议焦点，我们在代理时认为，要厘清这类案件，关键还是要看该拆迁村的拆迁安置政策与拆迁安置协议内容究竟是如何规定的，如果当事人本人并未持有拆迁协议，那么律师应该向法院申请调查令，请求法院帮助调取该证据。只有根据该村的拆迁安置政策与拆迁安置协议，才能正确分析当事人之间的法律关系，最终确定每位当事人应分得的份额。而这个案件里，我们也是在申请法院调取到拆迁协议后，做出了如下代理意见：

1. 甄晓晓作为该拆迁村村民，依法享受相应的村民待遇，甄晓晓作为适格的安置对象，理应分得相应的拆迁份额。

2015年甄晓晓户口所在村进行城中村拆迁，在征收补偿方案以及征收安置协议书中明确了甄晓晓应得份额，即每人60平方米住宅及10平方米生活保障经营性用房。因当时征收安置协议中确定为货币化安置，按照征收补偿方案中的规定，甄晓晓所得住宅以及生活保障经营性住房货币化安置及货币化安置的搬迁过渡费总计应分得的份额为30万余元。

2. 甄晓晓具有民事权利能力，依法享有民事权利，应得到属于自己的拆迁安置份额。

《民法典》第13条规定："自然人从出生时起到死亡时止，具有民事权利能力，依法享有民事权利，承担民事义务。"如上所述，甄晓晓在拆迁安置中享有属于自己的独立份额，其作为自然人，依法应当享有属于自己的拆迁安置份额。

3. 秦老先生构成不当得利。

秦老先生虽是户主，但其只是作为家庭成员代表代领了各家庭成员的份额，其应当及时返还各权利人应有份额，秦老先生占有甄晓晓应有的安置款份额，导致甄晓晓因此受到财产损失，已构成不当得利。根据《民法典》第985条之规定，"得利人没有法律根据取得不当利益的，受损失的人可以请求得利人返还取得的利益"。

秦老先生领取拆迁安置款后据为己有并拒绝向甄晓晓返还，侵犯了甄晓晓本应享受的财产权益，甄晓晓因此受到损失，符合《民法典》关于不当得利的规定，秦老先生应予返还。

4. 根据甄敬文和秦珂离婚的民事调解书中的约定，甄晓晓由其父甄敬文抚养，并未与秦老先生及家人生活。甄晓晓的拆迁安置款由抚养权人甄敬文保管更有利于甄晓晓生活以及成长，秦老先生拒不返还拆迁安置款的行为实属不妥。

《民法典》第35条第1款规定："监护人应当按照最有利于被监护人的原则履行监护职责。监护人除为维护被监护人利益外，不得处分被监护人的财产。"甄晓晓跟随其父甄敬文居住，由其父甄敬文抚养，在甄晓晓成长过程中一系列与甄晓晓利益息息相关的事情都将由甄敬文第一时间处理，故由秦老先生返还甄晓晓拆迁安置款最有利于被监护人的利益。甄敬文作为甄晓晓的监护人，本着最有利于未成年人利益的原则行使监护职责，符合以上法律规定。若是继续由秦老先生占有甄晓晓的拆迁安置款，即意味着甄晓晓的该部分财产有着随时被非法处分的紧迫危险，届时将会对甄晓晓的利益造成难以挽回的损失。

本案法律适用

《民法典》第13条　自然人从出生时起到死亡时止，具有民事权利能力，依法享有民事权利，承担民事义务。

《民法典》第35条　监护人应当按照最有利于被监护人的原则履行监护职责。监护人除为维护被监护人利益外，不得处分被监护人的财产。

未成年人的监护人履行监护职责，在作出与被监护人利益有关的决定时，应当根据被监护人的年龄和智力状况，尊重被监护人的真实意愿。

成年人的监护人履行监护职责，应当最大限度地尊重被监护人的真实意愿，保障并协助被监护人实施与其智力、精神健康状况相适应的民事法律行为。对被监护人有能力独立处理的事务，监护人不得干涉。

《民法典》第985条　得利人没有法律根据取得不当利益的，受损失的人可以请求得利人返还取得的利益，但是有下列情形之一的除外：

（一）为履行道德义务进行的给付；

（二）债务到期之前的清偿；

（三）明知无给付义务而进行的债务清偿。

《民法典》第987条　得利人知道或者应当知道取得的利益没有法律根据的，受损失的人可以请求得利人返还其取得的利益并依法赔偿损失。

PART 04

第四部分

财产继承篇

第十章 遗产继承

案例 37 打印遗嘱、录像遗嘱的效力如何认定?

前 言

继承纠纷作为家事案件中的重要组成部分，其涉及的遗产问题，大多与“遗嘱”有关。随着社会经济的发展，家庭财富的不断累积，越来越多的人想到运用遗嘱来处理好自己的身后事，因此，在法律实践中，越来越多与“遗嘱”相关的继承案件浮出水面，但因为普通老百姓法律知识的缺乏，在实践中有很多遗嘱的效力存在问题，很难被法院认定，往往会因为表达不规范或程序不合法等原因被认定为无效遗嘱。2021 年《民法典》施行后，在原来的遗嘱形式外新增了“打印遗嘱”“录像遗嘱”的形式，它们同传统的“自书遗嘱”等形式有何不同？效力又是怎样的呢？让我们随同齐子衿的案件，来看看这些问题的解决之道。

案件纪实

齐温和徐知是一对相敬如宾的老夫妻，他们结婚多年，共同育有四个子女，原本也是十分和睦的一个大家庭。但是随着子女长大成人，开始各自组建家庭，并在外地工作定居，使得家里人鲜少有能聚在一起的时候，这让两位老人逐渐感受到了孤独。但是好在，他们还有一个女儿在身边陪伴。女儿齐子衿相比其他三个兄弟姐妹，工作更清闲一点，因此便主动承担起了照顾父母的责任。齐温和徐知晚年时，几乎都是由齐子衿陪伴，端茶递水，照顾护理面面俱到。两位老人大为感动，于2006年3月立有自书遗嘱一份，载明要将二老名下的A房产留给齐子衿单独继承。

在订立遗嘱时，齐温首先写的是“使用”房屋二字，后又觉得不妥，将“使用”涂改为“继承”，留下了相关痕迹，大家也没在意，遗嘱完成后便由两位老人签字捺印，之后又找了两位证明人于不同日期分别签署了姓名。

因为对相关法律的不了解，谨防之前的遗嘱有效力问题，2009年9月齐温和徐知再次立有打印遗嘱一份，内容与之前的遗嘱内容相同，载明双方共有的房屋由齐子衿一人继承。

2012年1月徐知去世，其去世后的丧葬事宜均由齐子衿操持筹办，齐子衿还空出了更多时间来陪伴丧偶的齐温，让老人得以慰藉，感动之余于2013年10月再次书写自书遗嘱一份，再次确认要把自己和老伴所有的A房屋留给齐子衿居住使用。之后，齐温不幸于2014年2月去世。

两位被继承人去世后，其余三个子女与齐子衿因房产继承问题产生分歧，无法达成一致。其他的三个子女不认可齐子衿拿出来的三份遗嘱，认为：（1）第一份自书遗嘱的证明人签字时间不统一，且该遗嘱中将

“使用”改为了“继承”，有明显的篡改痕迹，这份遗嘱不应具有法律效力。（2）第三份自书遗嘱是在母亲徐知去世后形成的，齐温无权对徐知的财产进行处分，也无法确定齐温当时的意识是否清楚，因此也不认可该份遗嘱的效力。（3）其余三个子女提供了一份2012年10月的录像证据，录像内容为2012年10月齐温宣读书面遗嘱，表示要将A房屋留给四个子女共同继承，他们认为这份证据才是有效的，涉案A房屋应该由他们平均分配。

由于双方意见差距过大，齐子衿无奈诉至法院，她认为自己在父母生前尽到了充分的赡养义务，付出了全部的精力和心血，理应得到二老房屋的继承权，且她持有三份父母的遗嘱，足以表明父母的生前意愿。她认为兄弟姐妹们应充分尊重父母的决定，按照遗嘱内容由她拥有A房屋的全部继承权。

本案在委托律师后，律师作出了几点分析：

1. 就2006年第一份遗嘱的效力问题，律师认为该份遗嘱是由被继承人徐知、齐温共同签名捺印，齐温本人书写的，是自书遗嘱。该遗嘱变动部分系齐温认为表达不确切亲笔进行改动所致，且改动后进行了签名，其形式符合法律规定。由于自书遗嘱不需要见证人，因此虽然两位见证人的签字时间不同，但不影响该自书遗嘱的效力，这份遗嘱属于有效遗嘱。

2. 2009年9月齐温和徐知再次立有打印遗嘱，该遗嘱确认了2006年3月的遗嘱内容，确认了涉案房屋由齐子衿继承的遗产处分意见。打印遗嘱上有徐知及齐温的签字捺印，也有两个以上见证人的签名，并注明了年、月、日。该遗嘱合法有效，是徐知和齐温的真实意思表示，也是有效遗嘱。虽然2021年《民法典》施行前打印遗嘱尚未规定，但是根据

《最高人民法院关于适用〈中华人民共和国民法典〉时间效力的若干规定》第15条的规定，即“民法典施行前，遗嘱人以打印方式立的遗嘱，当事人对该遗嘱效力发生争议的，适用民法典第一千一百三十六条的规定，但是遗产已经在民法典施行前处理完毕的除外”，故该打印遗嘱同样具有遗嘱效力。

3. 其余兄弟姐妹三人提供的录像证据，不足以作为齐温最终的遗产处分意见，不能推翻齐子衿提供的遗嘱的法律效力。《民法典》第1142条规定：“遗嘱人可以撤回、变更自己所立的遗嘱。立遗嘱后，遗嘱人实施与遗嘱内容相反的民事法律行为的，视为对遗嘱相关内容的撤回。立有数份遗嘱，内容相抵触的，以最后的遗嘱为准。”在这个案件中，其余兄弟姐妹三人所提供的录像证据日期为2012年10月16日，而齐子衿所持有的齐温的第三份自书遗嘱为2013年10月12日，是齐温的最后一份遗嘱，应以该遗嘱内容为最终判决依据。

该案件在审理过程中，虽然其余三个子女均对齐子衿所持有的三份遗嘱的真实性提出了异议，但其在法院释明以后，未进行司法鉴定，也没有提供相应的能够支撑该异议成立的证据，因此法院最终认为应由他们承担案件的不利后果，对于齐温与徐知的遗产应该按照其有效遗嘱进行处理，最终判决涉案房屋由齐子衿继承所有。

本案法律分析

1. 打印遗嘱和录像遗嘱的效力如何认定？

《民法典》自2021年1月1日起施行，与《继承法》（现已失效）相比，《民法典》新增加了打印遗嘱和录像遗嘱的遗嘱形式。在《民法典》出台之前，我国现行遗嘱形式有：公证遗嘱、自书遗嘱、代书遗嘱、录音遗嘱及口头遗嘱五种形式。随着社会发展，这些年逐步出现打印遗嘱、录音录像遗嘱，但是由于法律未明确该两种遗嘱方式及生效要件，实践中存有较大争议。

为此，《民法典》第 1136 条规定：“打印遗嘱应当有两个以上见证人在场见证。遗嘱人和见证人应当在遗嘱每一页签名，注明年、月、日。”第 1137 条规定：“以录音录像形式立的遗嘱，应当有两个以上见证人在场见证。遗嘱人和见证人应当在录音录像中记录其姓名或者肖像，以及年、月、日。”《民法典》正式确立了打印遗嘱、录像遗嘱的遗嘱效力，但同时，打印遗嘱和录像遗嘱是否合法有效还要注意：是否有两个以上见证人、是否记录其姓名及遗嘱的明确日期。

作为《民法典》新增加的遗嘱形式，打印遗嘱和录像遗嘱无疑更加多样化和人性化，适应了时代发展和社会潮流。

2. 该案的首份遗嘱，是由徐知执笔，齐温签字的自书遗嘱，涉及共同遗嘱的效力问题。对于共同遗嘱，我国法律没有明文规定，但在司法实践中，大家一般理解为二人或者多人在同一文件上合立的遗嘱，是否有效要根据案件实际情况进行分析。在本案中，首份遗嘱的立遗嘱人徐知与齐温系夫妻关系，“遗嘱”为徐知亲笔书写、签名，共同遗嘱人齐温同样在遗嘱上签名，表明两个被继承人是基于共同的意思表示对夫妻共同财产作出处理，应认定为共同遗嘱。且该遗嘱没有违反遗嘱效力的强制性规定，应认定为有效。

本案法律适用

《民法典》第 1123 条　继承开始后，按照法定继承办理；有遗嘱的，按照遗嘱继承或者遗赠办理；有遗赠扶养协议的，按照协议办理。

《民法典》第1130条第3款 对被继承人尽了主要扶养义务或者与被继承人共同生活的继承人，分配遗产时，可以多分。

《民法典》第1133条第1款、第2款 自然人可以依照本法规定立遗嘱处分个人财产，并可以指定遗嘱执行人。

自然人可以立遗嘱将个人财产指定由法定继承人中的一人或者数人继承。

《民法典》第1136条 打印遗嘱应当有两个以上见证人在场见证。遗嘱人和见证人应当在遗嘱每一页签名，注明年、月、日。

《民法典》第1137条 以录音录像形式立的遗嘱，应当有两个以上见证人在场见证。遗嘱人和见证人应当在录音录像中记录其姓名或者肖像，以及年、月、日。

《民法典》第1142条 遗嘱人可以撤回、变更自己所立的遗嘱。

立遗嘱后，遗嘱人实施与遗嘱内容相反的民事法律行为的，视为对遗嘱相关内容的撤回。

立有数份遗嘱，内容相抵触的，以最后的遗嘱为准。

案例38 继承人擅自转移被继承人财产该如何分割?

前言

继承纠纷中包含遗嘱继承和法定继承，遗嘱继承是指依照遗嘱来处分被继承人的财产，法定继承则是在没有遗嘱的前提下，各个继承人依照法律规定，继承遗产。但在法定继承的案件中，由于不是所有继承人都同被继承人共同生活，因此经常存在部分继承人在与被继承人共同生活期间，利用生活之便擅自转移、隐匿被继承人的财产，以达到多分遗产的目的。那么实践中出现该种情况，其他继承人该如何维权呢？让我们跟随孙娟的案例，一起来看看。

案件纪实

孙娟、孙浩系被继承人孙建国、李爱琳的婚生子女，被继承人均已去世，生前留有位于兴平市某区 A 房产一套，银行存款 52 万余元，被继承人均未立遗嘱。

在被继承人生前，孙娟对父母亲精心照料，尽到了主要赡养义务。被继承人去世后，其遗产按照《民法典》应由孙娟、孙浩法定继承，但孙浩在李爱琳去世后、孙建国去世前一个月，擅自转移被继承人存款 43 万余元，并拒绝与孙娟协商继承事项，孙娟无奈寻找律师提起诉讼，请求依法分割被继承人孙建国、李爱琳名下兴平市某区 A 房屋一套、银行存款 52 万余元。

在一审法庭审理过程中，孙浩辩称其在被继承人去世前同样尽到了赡养义务，支付了被继承人的医药费和料理后事的费用。其没有转移被继承人的存款，支取银行账户内的钱款是为了支付被继承人的医疗费用。因此不同意分割孙娟所诉的银行存款 52 万余元。

孙娟对于孙浩面不改色的狡辩格外心痛，她考虑到姐弟亲情，曾多次寻找中间人就遗产继承问题与孙浩协商，但孙浩仗着自己也是律师的身份，对孙娟的请求百般推诿。孙娟极度失望之下，请求律师一定要依法维护自己的权益，对所有涉案财产依法分割。

律师同意了孙娟的意见，就本案所有的法律关系作出分析，向法庭提出了自己的代理意见并受到了法庭的赞同。最终一审法院判决：

（1）位于兴平市某区 A 房屋由孙娟、孙浩各半继承；

（2）现在被继承人孙建国名下存款 8000 余元，由孙娟、孙浩各半继承；

（3）孙浩支取的两被继承人存款作为遗产的数额为 32 万余元，由其给付孙娟一半即 16 万余元。

虽然一审法院认可了律师就本案法律关系的观点，但是最终认可的遗产数额明显低于实际遗产数额，并扣除了被继承人住院期间的花费。为了更好地维护孙娟的利益，律师在与当事人进行沟通后，果断拟好上诉状进行上诉。同时，孙浩也对一审法院的判决不予认可，同时提起了上诉。

孙娟认为：被继承人去世后，孙浩未征得自己同意，擅自通过银行柜台与自动取款机（ATM）在被继承人夫妇各个银行账户上取款共计 50 万余元，致使被继承人账户余额仅为 8000 余元，根据调查结果显示，被继承人中国银行账户柜台取款 28 万元均是孙浩亲笔签名取出，按照逻辑推理，21 万余元 ATM 取款也是孙浩取出，被继承人去世时，其名下遗产分别为 49 万余元、1 万余元，原审认定遗产数额明显低于实际遗产数额，孙浩在保管遗产的过程中，私自转移、隐匿遗产，依法应减少孙浩应得的遗产份额，一审法院在错误认定遗产存款为 36 万余元之后，又扣除了被继承人住院期间花费，最终认定遗产为 32 万余元，于法无据。

而孙浩的上诉请求是：一审法院认定事实错误，应予改判或发回重审。孙娟对孙浩支付父母的医疗费及持有相关票据的事实无异议，一审认定孙浩在父亲住院期间从母亲名下取款 4 万余元没有事实和法律依据。且父亲住院期间购买的药品费用以及父母后事的费用也都是孙浩承担，上诉费用应当从被继承人遗产中扣除后再进行分割。

二审法院经过审理后，认为一审法院查明事实清楚，予以确认，最终维持了一审判决。本案在经历了长达一年的诉讼过程后，终于宣告结束。但是我们却依旧放不下这个案子，从我们的内心而言，依旧觉得该判决对孙娟稍显不公。

本案法律分析

本案在办案过程中，遇到了很多的困难。首先是本案被告孙浩本身具有律师身份，对于如何规避责任和如何保留证据有很清晰的认知。其次就是本案被继承人的银行账户流水众多，并且财产的转移是在被继承人生前，要证明该财产是由孙浩支取难度较大。为此律师多次申请法院出具调查令和证人出庭，终于形成完整的证据链，以支撑本案的诉争焦点。

代理过程中，律师认为：

1. 孙娟、孙浩均系被继承人亲生子女，属于被继承人的第一顺序继承人。《民法典》第 1123 条规定："继承开始后，按照法定继承办理；有遗嘱的，按照遗嘱继承或者遗赠办理；有遗赠扶养协议的，按照协议办理。"《民法典》第 1127 条规定，被继承人的配偶、子女、父母属于第一顺序继承人。第 1130 条第 1 款规定：同一顺序继承人继承遗产的份额，一般应当均等。根据上述规定，孙娟、孙浩作为子女均属于第一顺序继承人，应依法继承被继承人遗产。

2. 被继承人生前所有合法遗产应该由孙娟、孙浩依法继承分割。位于兴平市某区 A 房产一套，属于被继承人夫妇夫妻共同财产，是其生前遗留的合法遗产，应由孙娟、孙浩予以分割；被继承人李爱琳去世后，账户存款共计 50 万余元，孙建国留有存款 1 万余元，均应依法予以分割。

（1）被继承人遗产应当自被继承人去世时计算，两被继承人去世时银行存款共计52万余元，依法应全部属于遗产。被继承人李爱琳于2017年2月去世，其名下各个银行账户存款共计50万余元，系被继承人李爱琳的合法遗产。另外，被继承人孙建国于2018年5月去世，现有证据查明其名下尚有1万余元存款，系被继承人孙建国的合法财产。

根据《民法典》第1121条的规定：继承从被继承人死亡时开始。故计算遗产数额时应以被继承人去世时间为确定遗产数额的时间。以上被继承人名下存款共计52万余元。本案中法院仅以孙浩支取的36万元认定为遗产数额，明显低于实际遗产数额，与事实是有悖的。

（2）继承开始后，在遗产数额已固定的情况下，应当就当前留存遗产进行分割。被继承人李爱琳生前住院期间的花费2万余元发生在被继承人去世前，与遗产无关，不应将被继承人李爱琳住院期间的花费在被继承人去世后从遗产中扣除。

3. 孙浩在保管遗产的过程中，私自转移、隐匿遗产，违背继承人的义务和善良风俗，应当在分割遗产时减少其应分得的遗产份额。

自被继承人去世之后，孙浩多次私自取款，转移、隐匿遗产，给法院审理案件造成极大的困难。关于其转移、隐匿遗产的事实，有银行取款记录为证。根据《民法典》第1151条的规定："存有遗产的人，应当妥善保管遗产，任何组织或者个人不得侵吞或者争抢。"本案法院在经查明孙浩存在转移、隐匿遗产的情况下，应在分割遗产时对其酌情减少继承的份额，以充分体现法律的公平正义，并维护社会公序良俗。

综上所述，我们认为本案在事实认定和法律适用上依旧存在某些问题，但二审法院已经作出终审判决，当事人孙娟也已经接受了该案的结果，现该案现已执行完毕。孙娟依旧很感激律师的辛苦付出，最终为她挽回了相应的财产利益。

本案法律适用

《民法典》第1121条第1款　继承从被继承人死亡时开始。

《民法典》第1123条　继承开始后，按照法定继承办理；有遗嘱的，按照遗嘱继承或者遗赠办理；有遗赠扶养协议的，按照协议办理。

《民法典》第1127条第1款、第2款　遗产按照下列顺序继承：

（一）第一顺序：配偶、子女、父母；

（二）第二顺序：兄弟姐妹、祖父母、外祖父母。

继承开始后，由第一顺序继承人继承，第二顺序继承人不继承；没有第一顺序继承人继承的，由第二顺序继承人继承。

《民法典》第1130条　同一顺序继承人继承遗产的份额，一般应当均等。

对生活有特殊困难又缺乏劳动能力的继承人，分配遗产时，应当予以照顾。

对被继承人尽了主要扶养义务或者与被继承人共同生活的继承人，分配遗产时，可以多分。

有扶养能力和有扶养条件的继承人，不尽扶养义务的，分配遗产时，应当不分或者少分。

继承人协商同意的，也可以不均等。

《民法典》第1151条　存有遗产的人，应当妥善保管遗产，任何组织或者个人不得侵吞或者争抢。

案例39　过失致被继承人死亡的继承人是否享有继承权？

前　言

我国《民法典》第1125条第1款规定：“继承人有下列行为之一的，丧失继承权：（一）故意杀害被继承人；（二）为争夺遗产而杀害其他继承人；（三）遗弃被继承人，或者虐待被继承人情节严重；（四）伪造、篡改、隐匿或者销毁遗嘱，情节严重；（五）以欺诈、胁迫手段迫使或者妨碍被继承人设立、变更或者撤回遗嘱，情节严重。”具有以上五种行为的，将剥夺继承人的继承权。但是如果继承人过失致被继承人死亡，其继承权是否会受到影响呢？家住西安的谭文竹最近就遇到了这样的事，让我们一起来看看到底是怎么回事。

案件纪实

谭文竹是单亲家庭的孩子。她的父母于2000年1月登记结婚，2001年3月生育了谭文竹。婚后谭文竹的母亲杨勤在2010年于西安市某村自建房屋一套，房屋登记在杨勤个人名下，一家三口在新房子又生活了一年。

让谭文竹没想到的是，在搬进新家后不久，一直存在诸多矛盾的父母协议离婚了。由于双方都顾及孩子和多年的感情，因此离婚时对于夫妻共同财产并未分割。离婚后谭文竹跟随杨勤共同生活。

2013年8月，杨勤认识了同样离异的赵宏，相似的经历让双方很快确立了恋爱关系并登记结婚，还在2014年11月共同育有一子赵翳海，谭文竹很喜欢弟弟，在弟弟小的时候也一直帮忙照顾，也是在2014年，西安市某村进行拆迁安置，杨勤一户共获安置了4套安置房（一套100平方米，三套50平方米）、20万元拆迁安置过渡费和30平方米商业用房面积。经济上的满足让这个重组家庭更加幸福。

但是明天和意外哪个会先到来，谁也不知道。2017年2月，在赵宏带着杨勤及赵翳海至外地的一次长途驾驶中，由于赵宏驾驶不当发生交通事故，杨勤及赵翳海当场死亡。

事故发生的时候，谭文竹只有16岁，她根本无法接受母亲和弟弟的突然离世，这对她的生活造成了巨大的打击。而继父赵宏被当地检察院以交通肇事罪起诉至法院，面临判刑的可能。在赵宏判刑的前期，谭文竹及杨勤的父母在悲痛之余，念在赵宏并非故意，且同样失去了爱子，便对赵宏出具了谅解书，并且没有要求赵宏承担刑事附带民事赔偿责任。赵宏最终被从轻处罚，判处有期徒刑2年，缓刑3年。

原本以为事情都已过去，但是让谭文竹意想不到的是，2022年2月，在赵宏服刑期满后，却将自己和杨勤的父母起诉到了法院，要求分得杨勤的遗产，即拆迁安置的4套商品房、20万元拆迁安置过渡费和30平方米商业用房面积的40%。

接到法院的起诉状后，谭文竹不敢置信，甚至万般委屈。她认为赵宏作为直接导致母亲杨勤死亡的继承人，不应享有继承权。母亲留下的遗产应由自己和外公外婆法定继承。继父的无情无义让谭文竹备感伤心，她在外公外婆的支持下找到了律师，希望能够依法维权！

律师在接受委托后，向谭文竹进行了阐明——过失致被继承人死亡的继承人，并不会被剥夺继承权。所以本案中的赵宏，虽因交通肇事直接导致了杨勤的死亡，但不属于《民法典》规定的被剥夺继承权的五种情形。因此赵宏确实可以继承杨勤的遗产，但对其继承的份额和比例应当予以减少。

本案在进入审判程序后，双方对于杨勤的遗产范围有较大争议。在此过程中，律师发现赵宏在陕南某市还拥有房屋一套，该房屋为赵宏和杨勤婚内所得，依法属于赵宏和杨勤的夫妻共同财产，在确定杨勤的遗产范围时，应包含该房屋的一半份额。

为了查明案件真相，两位律师在繁忙的工作中，特意赶到陕南进行调查，最终取得该房屋为杨勤和赵宏婚后购买的证明一份，并及时提起反诉，要求将该房屋的一半份额纳入杨勤遗产范围。

在庭审中，法院认可了两位律师的观点，并受理了谭文竹的反诉。但是鉴于谭文竹和赵宏毕竟是共同生活过的继父继女关系，且该案涉及杨勤的父母，因此法院还是希望双方能够调解结案。

对此，两位律师积极联系赵宏，向赵宏阐明了其主张的遗产范围错误的法律事实。赵宏此时已年近半百，他面对律师说出了自己的心里话，他当然后悔自责，不愿意再去分割亡妻的财产，但是自己年纪已大，又留有案底，很难找到稳定的工作，难以维系生活，不得已才出此下策，希望继女和丈人、丈母娘能够原谅。律师将他的想法表达给了谭文竹，并向谭文竹阐释了赵宏并不属于被剥夺继承权的情形，其依旧享有继承权的法律规定，最终获得了双方的认可，促成了双方调解。

本案在法院和律师的积极调解下，最终双方形成如下一致意见：

（1）位于西安市某村的拆迁安置房屋所得的其中一套房屋（50 平方米）归赵宏所有；

（2）位于陕南某市的房屋归赵宏所有；

（3）其余财产（位于西安市某村的拆迁安置房屋所得的 100 平方米房屋一套、50 平方米房屋两套、20 万元拆迁安置过渡费和 30 平方米商业用房面积）均属谭文竹及杨勤父母所有；

（4）双方就案涉房屋拆迁安置所得财产再无其他纠纷。

该案调解后，谭文竹于当日签订了调解笔录并已领取了调解书，现双方财产已处理完毕。该案结束后，谭文竹也感到十分的释然和放松，不仅是应有的财产权益得到了保护，同时也调和了她和继父之间的关系。那场让所有人悲痛不已的事故，虽然让他们彼此割裂，但是相伴多年的亲情，终究会成为支撑他们继续走下去的纽带。

本案法律分析

本案的争议焦点是：赵宏是否享有杨勤遗产的分配权？遗产的份额和比例又应该是多少呢？对此，我们认为：

1. 赵宏所主张的财产属于被继承人杨勤与他人共同所有，本案应先确定被继承人杨勤的遗产范围，再进行分割。

（1）案涉拆迁原房屋属于杨勤与谭文竹的父亲共同所有；杨勤与谭文竹的父亲于2000年1月登记结婚，2010年于婚内修建案涉房屋一套，2011年双方协议离婚，但离婚时对案涉房屋并未进行分割。该房屋系杨勤在婚内建设，属于杨勤和谭文竹父亲的夫妻共同财产，谭文竹父亲对该房屋享有一半的份额。

（2）赵宏所主张安置住房面积亦属于杨勤与谭文竹的父亲共同所有。2014年案涉所在村进行拆迁，杨勤户所得的所有财产均系杨勤原房屋所取得，其权利的归属不因杨勤婚姻的变化有所转化，安置住房面积仍属于杨勤与谭文竹的父亲共同所有。谭文竹父亲对于赵宏所主张的安置住房面积享有一定的份额。

（3）谭文竹作为杨勤户内家庭成员，属于被拆迁对象，其权利亦在拆迁安置协议中予以确定，赵宏所主张安置住房面积中也包括了谭文竹的份额。

2014 年被继承人杨勤与拆迁办签订拆迁协议，协议约定对拆迁房屋进行“拆一补一”政策，每人享有不低于 65 平方米的安置面积及 15 平方米的商业面积。杨勤户被拆迁人登记有杨勤及谭文竹两人。谭文竹作为该村村民及登记在册的被拆迁人口，依法享有涉案房屋的安置利益，因此涉案房屋的拆迁利益依法属于被继承人杨勤、案外人谭文竹的父亲及谭文竹共同所有，在分割被继承人遗产时，应先除去案外人及谭文竹的相应份额，再进行遗产继承。

2. 赵宏所称的拆迁过渡费属于户内被拆迁人享有，现被拆迁人仅有谭文竹一人，该户过渡费应归谭文竹所有，赵宏无权主张。

拆迁过渡费是拆迁人对被拆迁人在安置房屋交付前的过渡期间给予被拆迁人的租房与生活补助，目的是保证被拆迁人的基本生活不受影响，杨勤去世后，户内被拆迁人仅剩谭文竹一人，因此拆迁过渡费应属谭文竹所有，赵宏无权主张。

3. 赵宏的行为直接导致被继承人杨勤死亡，对其应当不分或少分遗产，否则将违背法律倡导的价值取向并违背公序良俗。

被继承人杨勤的死亡是由于赵宏引发的交通事故所致。根据刑事判决书，赵宏对该起事故承担全部责任。赵宏虽是过失导致的被继承人死亡，不属于丧失继承权之列，但其系直接导致被继承人死亡的继承人，对于被继承人的死亡承担全部责任，因此不应与其他继承人享有同等的继承权，对其应当不分或少分遗产，否则也不符合法律倡导的价值取向并违背公序良俗。

4. 赵宏在被追究刑事责任时，由于谭文竹及杨勤的父母出具了谅解书，直接减轻了赵宏的刑事责任，并没有要求赵宏进行民事赔偿，侧面增加了赵宏的财产利益，现赵宏再要求继承被继承人的遗产，违背公平原则。

5. 根据《民法典》第 1130 条第 2 款的规定："对生活有特殊困难又缺乏劳动能力的继承人，分配遗产时，应当予以照顾。"杨勤的父母目前年事已高，又老年丧女，没有生活来源，在分配遗产时应当对二者予以多分。

温馨提示

《民法典》规定的丧失继承权的情形有以下五种：

（1）故意杀害被继承人；

（2）为争夺遗产而杀害其他继承人；

（3）遗弃被继承人，或者虐待被继承人情节严重；

（4）伪造、篡改、隐匿或者销毁遗嘱，情节严重；

（5）以欺诈、胁迫手段迫使或者妨碍被继承人设立、变更或者撤回遗嘱，情节严重。

除以上情形之外，因过失导致被继承人死亡的继承人，并不当然丧失继承权利。但由于其系直接导致被继承人死亡的继承人，对于被继承人的死亡需承担责任，因此不应与其他继承人享有同等的继承权，在继承纠纷中，会成为法官酌情考量的因素。

本案法律适用

《民法典》第 1062 条　夫妻在婚姻关系存续期间所得的下列财产，为夫妻的共同财产，归夫妻共同所有：

（一）工资、奖金、劳务报酬；

（二）生产、经营、投资的收益；

（三）知识产权的收益；

（四）继承或者受赠的财产，但是本法第一千零六十三条第三项规定的除外；

（五）其他应当归共同所有的财产。

夫妻对共同财产，有平等的处理权。

《民法典》第1121条 继承从被继承人死亡时开始。

相互有继承关系的数人在同一事件中死亡，难以确定死亡时间的，推定没有其他继承人的人先死亡。都有其他继承人，辈份不同的，推定长辈先死亡；辈份相同的，推定同时死亡，相互不发生继承。

《民法典》第1122条第1款 遗产是自然人死亡时遗留的个人合法财产。

《民法典》第1125条 继承人有下列行为之一的，丧失继承权：

（一）故意杀害被继承人；

（二）为争夺遗产而杀害其他继承人；

（三）遗弃被继承人，或者虐待被继承人情节严重；

（四）伪造、篡改、隐匿或者销毁遗嘱，情节严重；

（五）以欺诈、胁迫手段迫使或者妨碍被继承人设立、变更或者撤回遗嘱，情节严重。

继承人有前款第三项至第五项行为，确有悔改表现，被继承人表示宽恕或者事后在遗嘱中将其列为继承人的，该继承人不丧失继承权。

受遗赠人有本条第一款规定行为的，丧失受遗赠权。

《民法典》第1127条 遗产按照下列顺序继承：

（一）第一顺序：配偶、子女、父母；

（二）第二顺序：兄弟姐妹、祖父母、外祖父母。

继承开始后，由第一顺序继承人继承，第二顺序继承人不继承；没有第一顺序继承人继承的，由第二顺序继承人继承。

本编所称子女，包括婚生子女、非婚生子女、养子女和有扶养关系的继子女。

本编所称父母，包括生父母、养父母和有扶养关系的继父母。

本编所称兄弟姐妹，包括同父母的兄弟姐妹、同父异母或者同母异父的兄弟姐妹、养兄弟姐妹、有扶养关系的继兄弟姐妹。

《民法典》第1130条　同一顺序继承人继承遗产的份额，一般应当均等。

对生活有特殊困难又缺乏劳动能力的继承人，分配遗产时，应当予以照顾。

对被继承人尽了主要扶养义务或者与被继承人共同生活的继承人，分配遗产时，可以多分。

有扶养能力和有扶养条件的继承人，不尽扶养义务的，分配遗产时，应当不分或者少分。

继承人协商同意的，也可以不均等。

《民法典》第1132条　继承人应当本着互谅互让、和睦团结的精神，协商处理继承问题。遗产分割的时间、办法和份额，由继承人协商确定；协商不成的，可以由人民调解委员会调解或者向人民法院提起诉讼。

案例40 父母去世前的夫妻共同财产，可以作为遗产依法分割吗？

前　言

近年来，“拆迁热”的兴起，使得许许多多的家庭引发了一系列由拆迁安置房屋引发的财产纠纷，甚至出现了延伸而来的继承、分家析产纠纷。那么，宅基地拆迁安置房屋能否继承？登记在一方名下的宅基地拆迁安置房屋是否属于夫妻共同财产？让我们跟随佟尧的案件，来看看法院是如何处理该类纠纷的？

案件纪实

俗话说“谈钱伤感情”，也许真的是这个道理。这是佟尧在父亲去世后一直存在于脑海里的想法。

佟尧是一位生活在西安的35岁男子，他原本认为自己的生活是幸福的，他虽自幼父母离异，但是父亲佟老在1996年5月，他初中时便重新组建了家庭。佟老和妻子杜绛均系再婚，佟尧是佟老和前妻所生，杜绛也与前夫育有一子一女，儿子和前夫共同生活，女儿秀秀由杜绛抚养。继母杜绛和继妹秀秀待他不错，他们新组成的家庭和谐地度过了许多年。

1999年左右，杜绛在和佟老的婚姻关系存续期间，申请了西安某地的宅基地一处，并在该宅基地上建有两层十四间房屋。那时候佟尧还在上高中，对这件事了解不深，但是一直存在于他的记忆里。

他们一家一直住在佟老婚前购买的位于西安市某区的A房产中，相安无事地共同生活了许多年。佟尧和秀秀成家立业后渐渐地也就搬出了那个家。

2012年，佟尧听说杜绛宅基地上的房屋被拆迁，她因此获得了安置房屋五套。那时候佟尧没有多想，只觉得这个宅基地是在佟老和杜绛婚姻关系存续期间申请的，房屋也是在婚后所建，那么拆迁所得的五套房屋自然也应是佟老和杜绛的夫妻共同财产。不过这件事他并没有多问，他们一家依旧正常地交往生活。

天有不测风云，佟老于2019年3月因病去世，其生前未留有遗嘱。佟老留下的A房产自此空下来，这期间杜绛将房屋出租并自行收取租金。

佟老去世后，佟尧、杜绛在分割其遗产时，产生了巨大的分歧。佟尧认为A房产属于父亲个人财产，五套安置房屋属于父亲佟老与杜绛的夫妻共同财产，其父亲享有的一半份额属于遗产范围，依法应予以分割。

但是杜绛认为被继承人佟老的遗产只有A房产一套。其自述是在2012年7月，其个人与西安市某区街道办事处签订的《房屋拆迁安置协议》，载明的家庭人口仅为杜绛一人，杜绛是据此协议分得某小区房产五套（约350平方米）。因此被拆迁的宅基地房屋为其婚前个人财产，不属于佟老的遗产。

就此，双方在进行多次交涉后都未能达成一致意见，佟尧最终诉至法院，要求依法分割被继承人佟老的所有遗产。

但是让佟尧没有想到的是，在一审开庭当日，一审法院在未提前告知的情况下追加杜绛的女儿秀秀作为第三人参与庭审，并未给予佟尧答辩期，且继母杜绛当庭提供了西安市某区村委会出具的《证明》一份，上面载明杜绛是在1995年冬在村宅基地上盖的房屋。这与佟尧一直主张的被拆迁房屋是建在佟老与杜绛婚姻关系存续期间的事实完全相悖。

佟尧措手不及，并没有准备任何有效证据支撑自己的诉请，眼看自己的合法权益将要受损，这才急匆匆地找到律师希望能够挽回自己的利益。

律师在接受代理后，为了解本案最重要的关键点——“五套拆迁安置房到底属不属于佟老和杜绛的夫妻共同财产”，主动到国土局调取相关证据，并数次申请一审法院开具调查令取证，却均被法院以案件已经审理完毕为由予以拒绝。

最终，一审法院在未了解案件全部真相的前提下，错误判决，认为西安市某区的五套拆迁安置房产系杜绛根据其在西安市某区的宅基地拆迁安置所得的，佟尧称宅基地上的房屋系佟老与杜绛婚后所建，但并未提供相关证据，杜绛对此也不予认可，故判决驳回了佟尧要求将该部分房产作为佟老的遗产进行分割的请求。

一审法院判决后，佟尧不服，上诉到二审法院。在佟尧和律师的据理力争后，二审法院认为原审判决事实不清证据不足，依法发回重审。

佟尧的案件终于有了再次主张权利的机会。在重审过程中，律师向佟尧提出了增加诉讼请求的想法，以求更全面地主张佟尧应得的利益。但因为涉案房屋金额难以确定，导致判决难以继续进行。佟尧方在申请司法鉴定房屋金额的同时，本着和平合理处理纠纷的原则，多次同杜绛方协商，法院也一直从中斡旋。

在佟尧的心里，他虽然和杜绛不是亲生母子，但自幼双方便共同居住，有很深的情感联系，已经形成了有抚养关系的继母继子的法律关系。双方其实都不愿意因为遗产分割的事宜从此形同陌路。律师和法院在了解双方的想法后，便促使双方彼此沟通，最终在经历了长达四个小时的调解后，形成调解方案：

（1）登记在被继承人佟老名下的 A 房产归佟尧所有；

（2）五套拆迁安置房屋归杜绛所有；

（3）上述房屋款项进行折抵后，杜绛一次性支付佟尧房屋折价款及房屋租金30万元；

（4）佟尧与杜绛就此案再无任何经济纠纷。

该案件在经历了一审、二审、发回重审阶段后，终于宣告终结。在结束的那一刻，对佟尧和杜绛来说，都是一个很好的结果。不仅佟尧的合法权益得到了维护，佟尧与继母杜绛之间的矛盾也终于化解，这对继承案件而言无疑是最好的结局。

本案法律分析

本案的争议焦点为：拆迁安置的五套房屋是否属于遗产，是否应予分割？

我们在结合申请法院调取到涉案房屋的“宅基地使用权属鉴定证明书”后认为：佟老享有案涉的五套拆迁安置房屋的所有权，该房屋应当按照法定继承依法分割。主要原因如下：

1. 1992年佟老就与杜绛共同生活，1996年5月登记结婚。1997年杜绛在宅基地上盖房，1999年村委两会研究决定，对其进行确权。杜绛所述的1995年冬天盖房与实际情况不符。该被拆迁房屋确属婚内所建，是佟老和杜绛的夫妻共同财产。

2. 杜绛名下宅基地是在与佟老结婚后才取得的，宅基地上房屋的建成时间自然也是在婚后，佟老对于婚后建设的房屋享有权利，该房屋被拆迁后所安置的五套安置房，应按照法定继承来分割。

佟尧曾在一审庭审中提供了一份继承协议，该继承协议是在双方未诉讼前对于被继承人佟老的遗产如何处分进行的商议。通过该协议可以看到，杜绛对于佟老的遗产范围予以了认可，只是双方就金额等未能达成一致，才没有签订协议。但其实杜绛对涉案五套房产是属于佟老遗产的事实是予以承认的。

《民法典》第1062条规定：“夫妻在婚姻关系存续期间所得的下列财产，为夫妻的共同财产，归夫妻共同所有：（一）工资、奖金、劳务报酬；（二）生产、经营、投资的收益；（三）知识产权的收益；（四）继承或者受赠的财产，但是本法第一千零六十三条第三项规定的除外；（五）其他应当归共同所有的财产。夫妻对共同财产，有平等的处理权。”根据该规定，涉案的五套拆迁安置房屋属于佟老和杜绛的婚内共同财产，在佟老去世后，杜绛和佟尧共同对该房产享有继承权利。

本案法律适用

《民法典》第1062条 夫妻在婚姻关系存续期间所得的下列财产，为夫妻的共同财产，归夫妻共同所有：

（一）工资、奖金、劳务报酬；

（二）生产、经营、投资的收益；

（三）知识产权的收益；

（四）继承或者受赠的财产，但是本法第一千零六十三条第三项规定的除外；

（五）其他应当归共同所有的财产。

夫妻对共同财产，有平等的处理权。

《民法典》第1123条 继承开始后，按照法定继承办理；有遗嘱的，按照遗嘱继承或者遗赠办理；有遗赠扶养协议的，按照协议办理。

《民法典》第1127条 遗产按照下列顺序继承：

（一）第一顺序：配偶、子女、父母；

（二）第二顺序：兄弟姐妹、祖父母、外祖父母。

继承开始后，由第一顺序继承人继承，第二顺序继承人不继承；没有第一顺序继承人继承的，由第二顺序继承人继承。

本编所称子女，包括婚生子女、非婚生子女、养子女和有扶养关系的继子女。

本编所称父母，包括生父母、养父母和有扶养关系的继父母。

本编所称兄弟姐妹，包括同父母的兄弟姐妹、同父异母或者同母异父的兄弟姐妹、养兄弟姐妹、有扶养关系的继兄弟姐妹。

《民法典》第1130条　同一顺序继承人继承遗产的份额，一般应当均等。

对生活有特殊困难又缺乏劳动能力的继承人，分配遗产时，应当予以照顾。

对被继承人尽了主要扶养义务或者与被继承人共同生活的继承人，分配遗产时，可以多分。

有扶养能力和有扶养条件的继承人，不尽扶养义务的，分配遗产时，应当不分或者少分。

继承人协商同意的，也可以不均等。

《民法典》第1153条　夫妻共同所有的财产，除有约定的外，遗产分割时，应当先将共同所有的财产的一半分出为配偶所有，其余的为被继承人的遗产。

遗产在家庭共有财产之中的，遗产分割时，应当先分出他人的财产。

后　记

家庭是社会的细胞，婚姻是夫妻双方的结合。夫妻之于婚姻、婚姻之于家庭、家庭之于生活，每一环之间都是紧密相扣、不可分割的。幸福是所有家庭共同的期望，但有些不幸却是无法避免的。维持幸福的稳定、拯救不幸的遭遇，便是我们责无旁贷的使命。

执业十余年来，我一直专注婚姻家事案件代理和理论研究。在处理了千余起纷繁复杂的案件后，对婚姻、对家庭、对生活都有诸多思考。十余年的婚姻家事律师执业生涯，经历与感悟颇多，成书于此，既是承前的总结，亦是启后的蓝本。

编写这样一本婚姻家事案例集是我很久以来的想法了。我时常在想："有时候，那些在婚姻家庭中遭受不公和丧失信心的女性们，可能需要的就是一份勇气。一份摆脱现状的勇气、一份尊重自己的勇气、一份挣扎不安的勇气。"为此，我和我的团队成员们着手整理了近年来大量的案卷材料，从中挑选出具有广泛代表性和较强普法性的案件作为我们成书的基本素材。在此期间，我们看着一件件案卷材料，仿佛又回到了当事人的那些故事中。有喜悦、也有叹息，更多的则是希望和期待。希望她们能够摆脱不必要的枷锁、拥有美好的生活，期待她们能够重新做回自己、拥抱属于自己的幸福。每每想到这些，我们的信心便愈加充沛。

帮助更多的"她们"是我们坚持不懈的动力。我们希望，这本案例集能够给予她们最基础的参考和借鉴、能够帮助她们重拾幸福生活的信心、可以让她们在收获家庭的同时也能收获爱和圆满。为此，用法律维护家庭幸福值得我们法律人付出辛苦和汗水。

本书中所有的案例都是我们身边每天在上演的故事，在别人身上是故事，如果有一天到我们自己的身上，那就极有可能会变成事故，这样的结果自然是我们都不想看到的。希望我们的读者在看到这些令人扼腕叹息的故事的同时，能够学到一些法律、掌握一些方法、知晓一些规定。如此一来，我们的希望和书中传递的价值观才能够真正地落到实处；法律的方法论才能够切实地为诸位所用。为保护当事人的隐私，本书中所有案例涉及人名均采用化名，如有雷同，万望勿怪。

近年来，在我们从事妇女儿童维权工作中，得到了省、市、县区各级妇联组织的鼎力支持。正是在各级妇联组织不遗余力的帮助下，我们才能够倾听到基层的声音、感受到大众对于法律的现实需求。因此，我们才能够聚焦矛盾核心、针对问题痛点，为大众提供我们力所能及的帮助和关怀。在此，特向其表示衷心的感谢和致意。

成书过程中，幸有西北政法大学法治学院 法律硕士教育学院副书记、院长、博士生导师陈玺教授，陕西许小平律师事务所创始合伙人、国家一级律师许小平等人倾囊相授、不吝指教，提出了诸多宝贵意见，谨在此表示感谢。

另有团队成员马文婷、王静、王佳旗、齐泽皓、李卓宇等人密切配合、勠力同心，在此向他们为《如此家事》一书面世所做出的努力一并致谢。

成书仓促，自有不足，还望各位读者批评指正，不胜感激。

李　露

陕西·西安

二〇二三年九月